Freiherr Cl. von Schwerin und die Zenten des Hochstifts Würzburg

(Zur Abwehr)

Von

Dr. Hermann Knapp,
k. Reichsarchivrat in München.

Berlin 1909
Kommissionsverlag von J. Guttentag,
Verlagsbuchhandlung, G. m. b. H.

Die Veröffentlichung dieser Entgegnung verzögerte sich dadurch, daß sich die Abhandlung über das Übersiebnen schädlicher Leute, als deren Anhang sie ursprünglich gedacht war, infolge Aufdeckung neuen Materials in ihrer Fertigstellung hinauszog. Diese wird nun mit neuen Nachweisen für die Richtigkeit meiner in den „Zenten" II, S. 464f. verfochtenen Anschauung in Bälde erscheinen.

Auch Kritiken haben ihre Geschichte: Im Juli 1908, nachdem meine Zenten in mehreren Fachblättern ausnahmslos wohlwollend gewürdigt worden waren, brachte die Beilage der Münchner Neuesten Nachrichten folgendes lakonische Verdikt des Frhrn. Cl. v. Schwerin*): „Das schon in verschiedenen Besprechungen lobend hervorgehobene Werk entspricht nicht den Anforderungen, die man stellen muß ... Der 1. Band enthält einen nicht zuverlässigen Abdruck von Quellen, der 2. Band eine schlecht systematisierte, lückenhafte, von rechtshistorischen und allgemein juristischen Fehlern nicht freie Darstellung des Altwürzburger Gerichtswesens und Strafrechts, ein in jeder Hinsicht unvollständiges Register und eine ebenso unzuverlässige Quellenbeschreibung." Die Begründung, fuhr er fort, die dem Manuskript nach nahezu fertiggestellt sei, werde er in nächster Zeit anderswo bringen und dann in der Beilage darauf verweisen. Diese nicht mißzudeutende Kritik wurde vom Stapel gelassen, als ich mich fern von der Hauptstadt des Urlaubs erfreute.

Durch einen Freund ward mir bald Kunde von dem kränkenden Angriff. Unverweilt sandte ich an die Redaktion einen geharnischten Protest des Inhalts, daß es durchaus den Regeln literarischen Anstands widerspreche, eine derartig abfällige Kritik ohne Angabe von Gründen und noch dazu in einem Organ der Tagespresse zu üben, sofortige Begründung fordernd. Und S.s Verfahren war fürwahr sehr geschickt und wohl berechnet: Bezweckte er ja damit nichts Geringeres, als einstweilen Stimmung zu machen, mich in den Augen eines größeren Publikums herunterzusetzen, ev. auch manche wohlwollende Kritik in ihrer Veröffentlichung zu hemmen, bezw. zu meinen Ungunsten zu beeinflussen. Wenn er sodann ver-

*) Privatdozent in München.

sprach, die Leser des Blattes nach Erscheinen der eigentlichen Rezension darauf zu verweisen, so beabsichtigte er hierdurch, die Sache nochmals zu meinem Schaden aufzuwirbeln, wobei er sich in der sichern Hoffnung wiegte, daß die wenigsten in der Lage sein oder sich die Mühe geben werden, den Artikel im Fachblatt nachzuschlagen oder gar von meiner Erwiderung Kenntnis zu nehmen. Freilich blieb es ihm versagt, diesem Versprechen gerecht zu werden, denn die Beilage der N. N. vermochte die angekündigte Rezension nicht mehr zu erleben, indem sie bereits dieses Frühjahr zu den Schatten entwich. — Bedauernd entgegnete die Redaktion, sie könne den Protest ohne Verständigung S.s nicht publizieren; dieser sei aber verreist, unbekannt, wohin. Er werde mir jedoch sicher den „Gefallen“ erweisen und sein Urteil begründen. Wochen vergingen, da erhielt ich abermals ein Billet: S. sei aufgefunden, doch könne er meinem Wunsch nicht willfahren, d. h. er könne es wohl, doch halte er die N. N. nicht hiefür geeignet. Meinen Protest dürfe das Blatt in dieser Form nicht bringen, da er immerhin verletzen könnte.

Es war inzwischen ein Monat verstrichen, und jener mußte somit als verspätet und wirkungslos gelten. Ich zog ihn daher zurück. Freilich war meine Lage keineswegs beneidenswert, denn S. hatte zumal in Universitätskreisen weidlich gegen mich Propaganda gemacht, so daß einer der Professoren sogar äußerte, er sehe S.s Urteil schon deshalb für kompetent an, da er es ja nach gründlicher Durchforschung der Quellen an Ort und Stelle gefällt habe. Dies sehr bezweifelnd, bat ich sofort das Würzburger Kreisarchiv, wo jene, von wenigen Ausnahmen abgesehen, verwahrt werden, um Auskunft und erhielt den verblüffenden Bescheid, der Herr Baron habe das Amt an zwei Vormittagen ein paar Stunden beehrt und 4—5 Archivalien eingesehen! Und als ich meine Entrüstung hierüber einem Kollegen gegenüber kundgab, bestellte auch S. tags darauf das Julianische Zentbuch und andere Archivalien in Würzburg, welche er hierauf zu längerem Studium erhielt und sonach gewiß reichlich Gelegenheit hatte, das für das vorgefaßte Urteil nötige Beweismaterial nachträglich zu erholen. Ich hoffte nun, er werde doch noch vor Jahreswende sein ersehntes Ziel erreichen; doch weit gefehlt: Als an Weihnachten Rietschels wohlwollende Kritik erschienen war, forderte S. bald darauf das Zentbuch nochmals zur Nachlese.

War er vielleicht damals noch immer nicht fest zum Losschlagen entschlossen, so drängte ihn doch eine plötzliche Zeitungspolemik, durch die meine Zenten sogar in die hohe Politik hineingezogen wurden, indem die Augsb. Postzeitung am Aschermittwoch gegen HR. von Amira den Vorwurf erhob, er habe meine Zenten ohne genaue Prüfung der Savigny-Stiftung zur Dotierung empfohlen und sich sodann durch einen jüngeren Dozenten über die Wertlosigkeit derselben belehren lassen müssen, gebieterisch hierzu. In dieser unerquicklichen Fehde, der ich völlig fernstand, geriet S. sehr in die Klemme, indem er unzweideutig auf sein noch immer unerfülltes Versprechen hingewiesen wurde. S. stellte die Begründung baldigst in Aussicht, sie hätte eben ein mehrwöchentliches Studium bedurft und — sie war doch schon im Jahr vorher dem Manuskript nach nahezu vollendet.

Und Monat auf Monat verstrich, bis endlich kurz vor Johanni die schwere Geburt gelang. Mit begreiflicher Spannung vertiefte ich mich in das umfangreiche Elaborat (Histor. Vierteljahrschr. XII, 2, 269 ff.), das so unerbittlich den Stab über ein langjähriges, redliches Schaffen brechen sollte. Doch wer beschreibt mein Erstaunen: der Ausfall der so prunkhaft angekündigten Kritik war geradezu kläglich und nun auch das Rätsel des langen Zauderns gelöst. Trotz eifrigster Durchforschung der Zenten bis ins äußerste Detail vermochte er mir wohl einige unbedeutende Versehen, doch keinen einzigen schwerwiegenden Fehler zu Lasten zu schreiben. Nicht imstande, das Werk von einem größeren Gesichtspunkt aus zu würdigen, verfiel er darauf, Sätze aus dem Zusammenhang zu zerren, Zitate, ja Worte zu bekritteln. Und er arbeitete rastlos, nicht Stichproben sind es, die er uns aufgetischt, sondern das restlos Beste, das er trotz dessen Geringfügigkeit ins Treffen führte. Doch genug: inwieweit die Kritik berechtigt, wird der Leser auf Grund der nachstehenden objektiven Ausführungen wohl selbst am besten zu beurteilen wissen.

Schon ein kurzer Einblick in die Kritik des ersten Bandes löste bei meinen Fachgenossen große Heiterkeit aus, als sie nämlich die überaus naiven Ausstellungen an der Schreibweise, die so recht den durch Sachkenntnis unbeeinflußten Laien bekunden, wie die „Willkürlichkeiten“ prüften, welche mir Rez. vorwirft. Er ist (272) an sich mit der Vereinfachung der Schreibweise einverstanden, bezichtigt mich jedoch der Ungenauigkeit und des Mangels an Akribie, da ich (und mit gutem Grund!) diese Vereinfachung nicht strikt durchführte (s. mein Vorwort) und z. B. statt aid nicht eid, statt treierlei nicht dreierlei, statt treimal nicht dreimal, statt zwai nicht zwei schreibe! Ja, mein Bester, warum nicht gleich hochdeutsch? Bitte, sehen Sie doch, damit Sie wenigstens einige Anfangsgründe in Hinsicht auf Behandlung von Urkundentexten gewinnen, die Einleitung zu den Deutschen Reichstagsakten nach! Um alle die Spielereien des Schreibers, die verschiedenen Schriftarten getreu wiederzugeben, wie es Rez. wünscht, gebrach es mir leider an Mitteln — warum nicht gleich photographieren? — und es ist doch geradezu lächerlich, daß es mir Rez. besonders als Verbrechen anrechnet, daß ich die Überschrift auf fol. 432 b (bei Herausgabe eines Codex aus dem Ende des 16. Jh.!) nicht in der gekünstelten Fassung des Originales wiedergab. Ebenso wunderlich ist die Tabelle auf S. 275 — das letzte Beispiel der Willkürlichkeit —, wo, lediglich der Raumersparnis wegen, in ganz richtiger Weise eine gedrängtere und zugleich übersichtlichere Anordnung des Textes vorgenommen wurde. Wäre ich den Wünschen des Rez. gemäß verfahren, ich hätte sicher noch eines Bandes bedurft, und dem Forscher wäre hiermit gewiß nur wenig gedient gewesen!

Glaube ich mich daher in Rücksicht auf jene Ausstellungen nicht weiter rechtfertigen zu müssen, da sie sich von selbst erledigen, so seien die weiteren Delikte ins Auge gefaßt, deren ich mich in Hinsicht auf die Herausgabe des Quellenwerks schuldig gemacht haben soll. Ich gestatte mir hierbei darauf hinzuweisen, daß die Art der Ausführung derselben seitens der Kommission völlig meinem Gutdünken überlassen worden ist.

Es ist hier, um mich im Hinblick darauf kurz zu fassen, folgendes auszuführen:

1. Gemäß Vorwort gerieten die Abschnitte über Schöpfeneid usw., sobald sie inhaltlich den ihnen entsprechenden Kapiteln im allgemeinen Teil gleichkamen, da sie ja lediglich (und oft langatmige) Wiederholungen sind und nur unnötige Raumverschwendung hervorgerufen hätten, in Wegfall, d. h. sie wurden nur durch ihre Überschriften, welche unverändert stehen blieben, angedeutet. Vernunftgemäß mußten dann einige völlig bedeutungslose, alleinstehende Überschriften, auf welche keinerlei Text folgte, wegfallen, da sonst das Mißverständnis entstanden wäre, als seien hier absichtlich Abschnitte gestrichen worden. Ich gab mir übrigens Mühe, den Text zu solchen alleinstehenden Titeln bzw. Betreffen aus andern Quellen zu ergänzen; gelang dies, so geschah es unter ausdrücklichem Hinweis auf den Fundort (wie z. B. bei Landknechtslohn 1, 388).

Damit erledigen sich die Ausstellungen des Rez.: 1, 233, 532, 380; 538, 391, 550, 557, 584.

2. Gemäß Vorwort habe ich ferner weitschweifige, ermüdende Berichte, Kundschaften, Grenzbereitungen, welche oft viele Seiten einnehmen, ohne irgendwie rechtshistorisch von Bedeutung zu sein, in der Weise gekürzt, daß ich den *wesentlichen* Inhalt derselben kurz wiedergab.

S. hier die Einwände: 1, 526, 463, 580, 226. Rez. nimmt auch dieses selbstverständlich äußerst ungnädig auf. Er verweist bei 526 darauf, daß ich in meinem Inhaltsverzeichnis doch an die Spitze der Zent O. ausdrücklich den Titel Weistümer und Ordnungen gesetzt hätte. Er scheint indes wenig mit dem Begriff Weistum vertraut, wenn er die hier in Betracht kommenden 26 Artikel als solches ansieht. Handelt es sich hier doch lediglich um bedeutungslose Fragestücke über verschiedene Zentvorfälle, welche erweisen sollen, daß Heuchelheim und Aschbach nicht zur Z. Haßfurt, sondern zu Schlüsselfeld gehören, wo sie auch später tatsächlich aufgeführt sind. Ebenso sehe ich nicht ein, inwiefern die umfangreiche Kundschaft über einen einzelnen Fall (463) Interesse erwecken könnte; nicht minder 580 die Kundschaft über die Zuständigkeit für die Maß- und Gewichtsschau. Endlich sind, wie vermerkt, 226 drei Absätze gestrichen, welche 217 bereits nahezu wortwörtlich abgedruckt sind.

3. *Überschriften, die nicht im Original vorhanden.*

Gemäß Vorwort ließ ich im Gegensatz zu den übrigen ZentO. die in das Friesische u. Julianische ZB. eingeschalteten Halsgerichtsformulare ungekürzt. 1, 1344 findet sich außerdem ein genauer Überblick über sämtliche Formulare nebst Beispielen der wichtigsten Arten derselben (mit und ohne Übersiebnung). Ich hielt es demgemäß für unbedingt nötig, bei jeder ZentO., sofern sie kein Formular enthält, darauf hinzuweisen, ob dieses sich entweder, als Beispiel verwertet, 1, 1349 ff. vorfindet oder ob es etwa in einer andern Quelle aufgezeichnet ist (so z. B. bei Gerolzhofen 1, 464) u. hier mit genauer Beschreibung des wesentlichen Inhalts, oder endlich, ob eine solche überhaupt fehlt (s. bei Haßlach 528). Man erkennt in diesen Zusätzen sofort Hinweise, welche nicht zur Quelle gehören, Hinweise, für die mir der Forscher nur dankbar sein wird.

Hiemit erledigen sich die Einwände: 1, 397, 464, 193, 311, 528.

4. Anlangend die .*Marginalvermerke*, so befindet sich Rez. hierüber durchaus im unklaren, indem es sich hier um keine Randnotizen, sondern vielmehr um sog. *Randtitel* handelt, die in manchen ZO., so z. B. der von Ebern, den Hauptüberschriften völlig gleichstehen. Da das Beibehalten der Randtitel beim Druck zu hohe Kosten und große Raumverschwendung nach sich gezogen hätte (es hätte auch neben dem Text ein breiter Rand bleiben müssen), so entschloß ich mich, diese Randtitel nicht neben, sondern ü b e r den Text zu setzen, wodurch die O. in hohem Grade an Übersichtlichkeit gewannen. In einem Fall, wo die Randtitel völlig bedeutungslos erschienen (1, 273), fielen sie weg. Daß übrigens wirkliche, zur O. gehörige Randvermerke gebührend berücksichtigt wurden, beweist die Ochsenfurter Zentreformation, 955 f. Man ersieht hieraus am besten, wie sehr das Beibehalten der Randtitel die Kosten gesteigert hätte.

D. erl. s. d. Einwände: 1, 519, 206, 240, 261 f., 270, 524, 537, 539, 540, 567, 586—588.

5. *Anführungszeichen ohne ersichtlichen Grund gesetzt.*

Sie sind diesfalls (1, 379, 432) sehr wohl begründet.

6. *Estenfeld-Rimpar statt nur E. 346, ebenso Dampsdorf-Donnersdorf statt nur das erstere, 213.*

Ich habe ja doch die vielfach anerkannte alphabetische Anordnung der Zent O. unabhängig von der Reihenfolge im Jul. ZB. usw. durchgeführt (deshalb auch Aichelberg unter Eichelberg), wie Zusammengehöriges vereinigt. Da nun die Zent Estenfeld später zur Z. Rimpar wurde, die Z. Dampsdorf in der Folge Z. Donnersdorf hieß, so war es doch selbstverständlich, daß ich diese O. vereint publizierte, deshalb auch die Überschriften E.-R., D.-D.

Hiemit erl. 1, 346, 213.

7. *Unterschrift bei Privileg 1, 64 weggelassen.*

Wohl niemand wird es mir sonst zu Lasten rechnen, daß ich hier nach der Datierung etc. setzte und den „Carolus" wie den uninteressanten Taxvermerk wegließ.

8. *nach 1, 585 fehlt nach gewachsen: „u. wird gebraucht, wie hernach folgt".*

Bei Prüfung dieser Stelle wird man mir ohne weiteres zugeben, daß diese sechs Wörter wegfallen mußten, da ja die folgenden Schreiben ebenfalls wegfielen und auf ihren Inhalt in Klammer kurz verwiesen wurde.

9. *daß Absätze und Interpunktionen nicht beachtet wurden.*

1, 380 ist kein neuer Absatz, da vor „und" ein Komma steht; bei dem Abschnitt 522/23 hat es wirklich keinen Sinn, die einzelnen zusammengehörigen Sätze auseinanderzuzerren. Ferner muß doch der Randtitel „in weß namen usw." vor den dazu gehörigen Text gesetzt werden. Was Interpunktionen betrifft, so gelten hier überhaupt besondere Regeln, s. h. die Einleitung zu den Deutschen Reichstagsakten.

10. *daß die Sperrung des Druckes vergessen ist, 1. 204, 331.*

1, 204 wurde lediglich behufs Raumersparnis das sehr oft aufeinanderfolgende „das urtheil" als „urtheil" jedesmal an die Spitze der neuen Zeile gesetzt, da es keinen Sinn hatte, es als Überschrift zu behandeln. Aus demselben Grunde wurde „Bescheid" 1, 331 nicht gesperrt gedruckt.

11. *daß Verschiebungen erfolgten, 1, 523, 524.*

Hier handelt es sich um zwei Notizen, die durchaus an richtiger Stelle eingerückt sind.

12. *daß ungenaue Abdrucke erfolgten, 1, 35.*

Hier ist dem Rez. ein sehr fataler Lapsus begegnet, indem er übersah, daß ja der allgem. Teil bis zur S. 60 nicht nach Julius, *sondern vielmehr nach Fries* übernommen wurde, und zwar durchaus korrekt! Beide sind ja fast völlig gleichlautend; immerhin zeigen sich bezüglich der einzelnen Wörter mitunter Abweichungen, welche, sofern sie nicht völlig geringfügig, in den Anmerkungen hervorgehoben wurden.

13. *Bestellung statt bestetigung, 1, 585.*

In diesem Hinweis mußte Bestellung gesetzt werden, da es sich gem. den angeführten Urkunden tatsächlich nicht nur um die Bestätigung von Zentgrafen handelt.

14. *daß Zusätze von späterer Hand ausgelassen wurden.*

Mir lag es daran, insbesondere das Julianische ZB. ungetrübt durch fremde Eingriffe wiederzugeben, deshalb verzichtete ich auch auf die Anführung von einigen (mitunter kaum leserlichen) Zusätzen von sehr später Hand.

15. *daß bei der Schöpfenzahl usw. arabische Ziffern gebraucht wurden.*

Dies geschah ebenfalls der besseren Übersichtlichkeit wegen.

16. *daß Zeichnungen im Original ignoriert wurden.*

Über diesen Vorwurf wurde ich lange nicht klar, es konnte doch das im zweiten Teil publ. farbenreiche Aquarell der Zent Ullstadt, dessen bei der Zentbeschreibung 2, 886 gedacht ist und Rez. 276 ausdrücklich als „Bild" aufführt, nicht hierunter gemeint sein. Endlich entdeckte ich, daß sich jemand den harmlosen Scherz erlaubt hat, das auf Fol. 585 des Jul. ZB. befindliche *Wasserzeichen!* „ein von einem Pfeil durchbohrtes Herz" (s. d. Beschr. 2, 887) durch Federzüge zu verdeutlichen! Zu meiner tiefen Beschämung muß ich hier außerdem noch bekennen, daß ich die in jenem ZB. vorkommenden Tintenflecke — und es sind sogar mehrere — besonders hervorzuheben sträflich unterlassen habe.

Beschreibung der Zentquellen. Ich habe, abgesehen davon, daß in der Einleitung I, 10 ff. das, was hinsichtlich der Entstehung und Anlage des Friesischen und Julianischen Zentbuchs wissenswert schien, ausführlich dargelegt ist, die äußere Beschreibung der Zentbücher lediglich aus dem Grund, weil jene Einleitung sonst ermüdenden und wenig interessanten Ballast hätte aufnehmen müssen, nach Rücksprache mit dem Referenten der Kommission dem zweiten Band als Beilage angefügt. Daß sie nur kurz sein sollte, da sie auf diese Weise dem gewünschten Zweck vollkommen genügt, war von vornherein ausgemacht, welche Grenzen hier zu ziehen, darüber vermochte ich nur schwer schlüssig zu werden, da ja der Inhalt der Zentbücher nur einem Teil des von mir im zweiten Bande verwerteten Materials entspricht.

Rez. ist hiemit natürlich äußerst unzufrieden. Aus dem aber, was er rügt, ersieht man nur zu deutlich, daß das, was er noch für hochwichtig erachtet, durchaus überflüssig scheint. Während sich seine Ausstellungen an der Beschreibung des Julianischen ZB. auf einen bzw. zwei Druckfehler, wie daß ich das aus zwei Teilen bestehende Register als einheitliches behandelte, beschränken, weiß er am Zentgrafenbuch, das ich gewiß nicht ausführlicher zu schildern brauchte, da ja dasselbe von mir nicht publiziert wurde, sondern nur bezüglich einiger Stellen Verwendung fand, zu bekritteln, daß ich das priv. universitatis von der declaratio desselben nicht trennte, verschiedene leere Folien nicht aufzählte und endlich nicht angab, daß sich das Wasserzeichen nicht auf allen (!) Blättern vorfindet. Auch der Vorwurf, daß ich die modernen Registraturnotizen auf den Einbänden der ZB. des XVIII. Jh. zu erwähnen unterließ, ist so nichtssagend, daß wir am besten über jenen Teil der Kritik ohne weiteres wieder zur Tagesordnung übergehen, d. h. nunmehr die Besprechung des zweiten Bandes ins Auge fassen.

I. v. Schw. bemäkelt hier zuerst das *Inhaltsverzeichnis*, besonders ungnädig die Abteilung Gerichtsverfassung tadelnd. Ich wollte hier doch kein System aufstellen, sondern lediglich die verschiednen Arten der Gerichte möglichst übersichtlich aneinanderreihen. Da war es sicher zweckmäßig, zuerst den Rat und die Gerichte der Hauptstadt zu bedenken, dann zur Kanzlei und zum Hofgericht überzugehen und nach einigen Bemerkungen über den Hof und die Sondergerichte die Zentgerichte der Landschaft wie die Stadt- und Dorfgerichte zu besprechen. Über das Verhältnis zwischen Zent- und Dorfgericht endlich brauche ich doch einen Gelehrten — und für solche ist das Buch geschrieben — nicht belehren zu müssen.

Doch nun zu den andern Anklagen gegen den Inhalt der wissenschaftlichen Darstellung:

135 erfährt man, daß es gebotene und ungebotene Gerichte gab, von denen jenes mit einem für alle Mal vorausbestimmten Termin Hochgericht hieß, 137 daß jenes häufig nicht vorausbestimmt war.

Ich sehe nicht ein, was die Anführung der öfters vorkommenden Ausnahme von der Regel Bedenkliches an sich hat.

136 erscheint als gebotnes Gericht das Notgericht, bei dem nur die besonders Geladenen anwesend zu sein haben, 137 erfahren wir, daß das NG. das Gericht auf handhafter Tat ist.

Rez. übersieht hier, was aus dem Text ganz klar hervorgeht, daß es zweierlei Notgerichte gibt, bzw. es sich dort um ein gemeines, hier um ein peinliches Gericht handelt.

135 hören wir, daß das Hochgericht das ungebotene Zentgericht der Landschaft sei, 146 daß das Hauptmahl gen. Dorfgericht ein Hochgericht sei; 143 daß das Hochgericht im Dorf dem gleichnamigen Gericht an den Zenten gleich sei.

Ich begreife nicht, daß Rez. nicht klar sieht: das Hochgericht ist sowohl als Zent- wie als Dorfgericht ein ungebotnes G.; ebenso das Hauptmahl, da es eben den Charakter eines Hochgerichts besitzt.

Unter Zentgerichte der Landschaft sind verschiedene G. koordiniert zusammengestellt.

Es handelt sich hier lediglich um eine Aufzählung und kurze Erläuterung, von Gleichstellung ist keine Rede. Die Eigentümlichkeiten der einzelnen Gerichte werden, soweit dies noch benötigt, in der folgenden Darstellung eingehend offengelegt; es galt also hier nur einen kurzen Überblick über die verschiedenen Arten zu geben. Wohl habe ich reiflich überlegt, ob es nicht rätlicher wäre, von der sachlichen Zuständigkeit auszugehen, fand aber dann, daß aus praktischen Gründen der andere Weg der zweckmäßigere sei.

Judengerichte bei Strafrecht, bei G.Verf. nur gestreift.

Der Stellung der Juden in prozessualer Hinsicht ist in der Darstellung (s. Register) sehr oft gedacht, 804, d. h. im strafrechtlichen Teil, komme ich der bessern Übersicht wegen nochmals kurz darauf zu sprechen. Die eigentlichen Judengerichte sind bei der Verfassung nur gestreift, da hierüber eben nur sehr wenig überliefert ist.

Geldstrafen unter Gerichtsgefällen usw.

Daß die Bußen unter den Gerichtsgefällen (s. Hinweis bei Vermögensstrafen), die Freiheitsstrafen im Kap. Gefängniswesen behandelt sind, geschah aus praktischen Gründen. Ich suchte dort zugleich eine Übersicht über die dem Gericht zufließenden Einkünfte zu erzielen; angesichts der ausführlichen Darstellung des Gefängniswesens war die Würdigung der verschiedenen Arten von Freiheitsstrafen nicht gut hievon zu trennen. Verurteilung zum Reiterdienst steht n i c h t unter körperlicher Züchtigung, sondern nach Schluß dieses Abschnittes heißt es: Im Anschluß an die Leibesstrafen möchte ich auch der Verurteilung zu öffentlicher Arbeit und zum Reiterdienst gedenken! Daß ich mich im übrigen hinsichtlich des Strafrechts an das System meines Nürnberger Kriminalrechts angelehnt habe, kann mir nicht zum Vorwurf gerechnet werden; hat jenes doch vielfache Billigung erfahren und im Hinblick auf das Vorgehen der Verfasser des Speierer und Bamberger Strafrechts geradezu Schule gemacht. S. strauchelt eben darüber, da es vielfach mit den modernen strafrechtlichen Anschauungen differiert; bezweckte ich ja lediglich damit eine Einteilung zu erzielen, welche, ohne mit den früheren Rechtsbegriffen zu sehr in Widerspruch zu treten, übersichtlich wirkt und eine rasche Auffindung ermöglicht. Teilnahme und Versuch sind der rechtswidrigen Absicht nur angegliedert; s. die betr. Überschriften des Nürnb. KrR., wo zur bessern Unterscheidung verschiedene Lettern angewendet wurden.

Rügepflicht, Folge, Pflicht zur Ergreifung usw. bei Dingpflicht.

Dies ist durchaus irrig: 325 beginnt der Abschnitt Zentpflicht, dessen erstes Kapitel die Dingpflicht behandelt. Dieses bringt zuerst eine Übersicht über sämtliche Arten der Zentpflicht: Rügepflicht, Folge usw. als Einleitung, worauf dann der Dingpflicht selbst, welche zu den andern Arten der Zentpflicht weiter keine Beziehung hat, eingehend gedacht ist.

Beweisurteil nicht bei Urteil, sondern unter Kundschaft, Zeugnis usw. Schau (nicht Schein). Es ist entweder bedingtes Endurteil und entscheidet dann selbst oder es bedarf einer spätern Entscheidung, während oben gesagt ist (636), daß es bei dem bed. Endurteil eines nochmaligen Ausspruchs bedarf.

Das Beweisurteil wurde doch am zweckmäßigsten beim Beweisverfahren behandelt. Im übrigen besteht keinerlei Widerspruch: ich sage ausdrücklich S. 636, daß das bed. Endurteil die Entscheidung selbst fällt, daß es nur, um den Ausfall der Bedingung zu *konstatieren*, eines nochmaligen Ausspruchs bedarf. Rez. greift also hier wieder durchaus fehl!

Unter örtlicher Zuständigkeit der Grundsatz ne bis in idem.

Dieser ist bei Strafzumessung 792, ferner 287, wo von dem Recht des Vogteiherrn, auf die bei der Zent erkannte Buße nochmals zu erkennen, die Rede ist, und endlich 746 bei den Bußen gewürdigt.

Unter Dingpflicht die prozessuale Antwortpflicht und das Verhalten gegenüber der Ladung seitens auswärtiger Gerichte.

Die Pflicht, vor Gericht zu antworten, fällt unter die Dingpflicht, s. Planck 1, 59 f.; warum sollte ich hier nicht zugleich die Pflicht, als Beklagter vor fremden Gerichten zu erscheinen, bzw. nicht zu erscheinen, berühren?

Unter Gerichtsdienst die Zahl der abgehaltenen Gerichte, Gerichtsort und Gerichtsfrevel.

S. hier Planck unter Gerichtsdienst 1, 118, 123, 129 f.!

Das Begräbnis des Selbstmörders bei Rechtstag.

Wo hätte ich dies besser unterbringen können?

603 unter Frage und Antwort die Stellung der Fremden, statt unter „Gerichtsfremde".

Ich mußte im bürgerlichen Verfahren notwendigerweise nochmals ausführlich auf einige Punkte zurückkommen, deren bereits kurz im Kap. Gerichtsfremde (351 ff.) gedacht ist.

Die Darstellung der Endurteile unterbricht eine längere Auslassung über die Ausführung einzelner Prozeßschritte, welche besser beim Rechtstag geschehen wäre.

Bei der eingehenden Darstellung des Übersiebnungsverfahrens (430 f.) mußte kurz des Vollzuges gedacht werden, schon auch um hierin die Unterschiede zwischen dem früheren und späteren Prozeß festzustellen. Eine Lücke findet sich deswegen im Kap. Rechtstag keineswegs.

Die Frage, was zu rügen, nicht unter Rügeverfahren, sondern unter Zuständigkeit; dagegen 415 die Verschweigung der Vermehrung des Viehstandes am Schüttmahl.

Jene Scheidung ist gewiß äußerst zweckmäßig, denn nur so gewinnt man eine Vorstellung von dem Umfang der sachlichen Zuständigkeit (s. den Hinweis im Verfahren, 399). Da es sich bei jenen Zent- und Vogteifällen nur um Verbrechen und Vergehen handelt, paßte das Rügen des geschütteten Viehs nicht gut in dieses Kapitel; ich erwähnte dies daher im Rügeverfahren, bzw. beim Schüttmahl (415, s. a. 156).

Unklare Übersicht über das peinliche Verfahren wie Ausführung über das Übersiebnen, dies kein ordentlicher Prozeß.

Ich selbst habe ja ausdrücklich darauf verzichtet, hinsichtlich der Anordnung der verschiedenen Arten des peinlichen Verfahrens ein bestimmtes System zu befolgen; einerseits war dies durchaus unnötig, es handelt sich ja doch um kein Lehrbuch, anderseits schien solches kaum durchführbar. Dabei konnte ich den Exkurs über die landschädlichen Leute, da er sich ja nur zum Teil auf das Würzburger Gebiet bezieht, nicht in den Vordergrund rücken, ebensowenig aber auch von dem Übersiebnen trennen. So kam es, daß die Arten des Verfahrens wider den ungefangenen Verbrecher dem wider den gefangenen vorangehen. Ich verhandelte über diese Frage auch eingehend mit dem Referenten der Kommission. Was endlich das Übersiebnen selbst anlangt, so tut es mir leid, daß sich Rez. noch immer nicht über dessen Bedeutung im klaren ist. Es steht doch nunmehr außer Zweifel, daß das Übersiebnen schädlicher Leute nach Verzicht auf das Erfordernis des Schubes in Würzburg der *ordentliche* Prozeß gegen den gefangenen Verbrecher (bis zu dessen Aufhebung i. J. 1504) gewesen ist, was ja selbst Zallinger einräumt, indem er das W. Halsgerichtsformular nicht seinem landschädlichen Mann, sondern dem gewöhnlichen Verbrecher zuspricht.

72 nochmals die 10 ff. erörterte Frage des Erwerbs des Herzogtitels angeschnitten.

Dies ist irrig; es ist hier gelegentlich der Besprechung der Gerichtshoheit nur der Insignien des Bischofherzogs gedacht, wie hervorgehoben, daß manche Gerichte ausdrücklich im Namen des Herzogtums gehegt werden.

II. *wirft S. mir vor, daß ich die Quellen des ersten Bandes nicht genügend ausgenützt hätte.*

Daß der fragende Zentgraf auch redender heißt.

Dieser kommt nur in der Zent Bütthart vor; ihn besonders hervorzuheben, da er — tantum nominis sonus differt — sonst völlig mit dem fragenden übereinstimmt und dieser eben auch ein redender ist, schien mir nicht erforderlich. Ein Übersehen dieses „hochwichtigen" Unterschiedes ist bei Prüfung der einschlägigen Stellen mit Hilfe des Registers undenkbar.

Daß die zwei schweigenden Zentgrafen 186 nur gelegentlich angeführt sind.

Ich wüßte nicht, wo diese besser angeführt werden sollten, als hier, wo der verschiedenen Kombinationen zwischen dem frag. und schweig. Zentgrafen gedacht ist.

258 wird von der Verpflichtung der Stadtschöpfen gehandelt, nicht aber von dem interessanten Verhältnis des Ratseids zum Schöpfeneid in Volkach, daß die Ratspersonen als Schöpfen wiederholt verpflichtet werden müssen.

Dies ist selbstverständlich und bedarf keiner besondern Hervorhebung; man verfährt mit Ratspersonen anderer Städte für den Fall, daß sie als Sch. auftreten, durchaus ebenso, so z. B. Aub 127, Bischofsheim 177, Ebern 261, Schlüsselfeld 1075 (!) usw. Eine Ausnahme finde ich nur in Freudenberg (das erst 1612 von Wertheim an W. fiel), und diese habe ich S. 250, 44 ausdrücklich angeführt.

Im Kap. örtl. Zuständigkeit fehlt die Bestimmung über das for. delicti commissi in der Schlüsselfelder Zent, 1, 1082.

Dies durchaus nichts Merkwürdiges; s. 345, wo ich unter Angabe von Beispielen ausführe, „daß sich frühzeitig der Grundsatz Anerkennung errang, daß der in eine andere Zent flüchtende und dort verhaftete Täter an das forum delicti ausgeliefert werden muß".

325 bei Dingpflicht nichts über die in Haßfurt (1, 500) mögliche Befreiung gegen Geldzahlung.

Ähnliche persönliche Befreiungen finden sich 316 ff. in großer Mannigfaltigkeit. Außerdem ist 326 bemerkt, daß die Zentverwandten je nach dem Inhalt der Dorfweistümer oder besonderer Verträge mehr oder minder Befreiung vom Erscheinen vor Gericht usw. genießen, weshalb der Zentgraf genaue Kenntnis vom Umfang dieser Verpflichtungen besitzen muß.

436 bei Beschreibung der Ergreifung auf handhafter Tat wohl einen Diebstahl- und Mordfall, nicht aber das interessante Gerüfte bei Notzucht in Mellrichstadt (1, 839), das mehr Wert hat, als das Angeführte, 861 mißverstanden.

Ich habe an durchaus richtiger Stelle 431 die völlig analoge Satzung der Hofheimer O. aufgeführt. Die Notzucht wird hier übrigens ausdrücklich als wissentliche, nicht handhafte bezeichnet. Von *Ergreifung* auf handhafter Tat kann hier doch gar keine Rede sein. Die Mellr. Bestimmung führe ich, da sie allzu drastisch, 861 gekürzt an; ich wüßte nicht, wie sie Rez. mißverstehen könnte.

531 läßt ein kurzer Satz über den Aufzug des Gerichts eine wertvolle Beschreibung 1, 1074 nicht vermuten.

Wenn es hier heißt, daß die Amtsuntertanen am Rechtstag mit Wehr und Rüstung usw. erscheinen, den Gerichtsstuhl umschirmen wie den Übeltäter zur Richtstatt geleiten, so handelt es sich hiebei nicht um einen Aufzug des Gerichts (?) als solchen, sondern lediglich um Leistung des Zentschutzes seitens der Zentverwandten. S. zahlreiche Beispiele im Kap. Schutzpflicht 348 f.

550 manch nebensächliches Detail über Galgenbau, nicht daß der Zentgraf in Ebern drei Späne heraushaut.

Ich habe doch 552 erwähnt, daß in Hilters der Zentgraf beim Galgenbau zuerst angreift, der Eberner Satzung ist sodann in Kürze gedacht und in der Anm. darauf hingewiesen. Auch sie ausführlich zu zitieren, hielt ich wirklich nicht so wichtig, wie der Rezensent.

Im Kap. „Bußen" Unterschied zwischen kleinem und großem Frevel nicht berücksichtigt.

Ich habe 745 im Kap. „Bußen" des kleinen und großen Frevels eingehend gedacht und auf mehrere Stellen hingewiesen; alle Beispiele anzuführen, wäre zu ermüdend, abgesehen davon, daß bezügl. des Unterschieds zwischen beiden in den verschiedenen Zenten keine Übereinstimmung herrscht.

767 nicht die Haftung für unbeabsichtigte Folgen.

Hierüber verschiedene Beispiele in den Kap. Totschlag und Fahrlässigkeit, sowie bei Zufall.

Nicht fahrl. Grenzverrückung wie Überrainen, Übersteinen, Übermähen, Marksteinverrücken usw. bei Fälschung.

In *diesem* Kap. s. 871 *ausführlich* behandelt die Delikte wider Rain und Stein, so insbesondere auch die interessante Taliondrohung bei fahrl. Marksteinverrückung, das Schiedsteinversetzen, das Überackern!

Bei Rädern ist Radflechten, Radbrechen und Stoß mit dem Rad nicht erwähnt.

Es wäre doch des Guten zuviel, hier der einzelnen Akte der Räderung zu gedenken. Oder glaubt etwa Rez., daß er hier drei verschiedene Strafarten vor sich hat?

Im Kap. Strafen fehlt die Erwähnung der Umwandlung der Geld- in die Gefängnisstrafe, 1, 265.

Am Schluß des Kap. „Bußen" ist ausdrücklich d i e s e Stelle hervorgehoben.

Bei Sachbeschädigung fehlt Holzhauen und Fenstereinschlagen (1, 264 u. 1099).

867 der Baumfrevel erwähnt, wie daß schon das mutwillige Abhauen eines Baumes streng geahndet wird. Wären beide angef. Stellen für das Strafrecht nicht so völlig bedeutungslos, da diese Reate nur nebensächlich bei Schau und Rügepflicht gestreift sind, so hätte ich ihrer vielleicht trotz ihrer Unwichtigkeit gedacht.

Unter Gotteslästerung fehlt das Fluchen.

Hierselbst s. 876 ff. (Mandate wider Lästern und Fluchen usw.) ausführlich! Im übrigen sollte Rez. doch wissen, daß die Gotteslästerung meist in der Form des Fluches zutage tritt.

Unter „Beamtendelikte" fehlt die Bestechung (1, 722).

Ich habe am Schluß derselben (882, 7) auf das Verbot, smiralia zu nehmen, hingewiesen, außerdem an verschiedenen Stellen erwähnt, daß häufig Absetzungen von Beamten wegen Verfehlungen und Bestechlichkeit (198, 251, 258, 722) vorkamen, s. auch unter „Bestechung" im Register. Die Stelle 1, 722 soll indes für eine ev. zweite Auflage vorgemerkt werden.

378 unvollkommen über die nach der Hegung folgenden Eröffnungsakte 1, 203.

Hierüber ausführlich 377!

623 werden die Formen des Eides angeführt, nicht der Eid mit erhobenen Fingern, auch nicht die verschiedene Eidesform bei Kath. u. Prot. (1, 984, 1004).

Dieser Fall ausdrücklich 324 mit Anf. ob. Beispiels behandelt. Die Verschiedenheit der Eidesform der K. u. Pr. weist doch fürwahr nichts Merkwürdiges auf, wichtig dagegen der Judeneid, s. 627.

376 fehlt die Hegung im Namen des Königs (1, 1000).

Steht 377!

Nicht erklärt, was Eiermarktgericht.

Es ist mir leider selbst (wie auch Rockinger) nicht mehr bekannt, als das 121 Angeführte.

Wenn S. die Kapitel Hexenprozesse und Gefängniswesen für bedeutungslos erklärt, so beehrte mich vor kurzem Herr Geh. R. Kohler mit der Nachricht, daß er auf den rechtshistorischen Wert der erstern demnächst in einer besondern Abhandlung hinweisen wird; in Hinsicht auf letzteres s. die Besprechung Dr. E. Rosenfelds in den Blättern für Gefängniskunde, Bd. 42, S. 783 (1908). Die Behauptung, daß ich im Exkurs über die landschädlichen Leute meine Anschauung mit wenig Glück verfochten haben soll, scheint unter gleichzeitigem Hinweis auf S. Rietschels Kritik mehr als verwunderlich.

Ferner ist es doch zuviel verlangt, daß ich in den Anmerkungen alle einschlägigen Quellenstellen aufführen soll, so S. 254 alle diejenigen über Schöpfenlohn, 250 die über Schöpfeneid, 267 Stellen, welche in die Schau gehören. 1, 721 ist Verwegwarten erwähnt, doch hatte diese Stelle, da nicht die Art der Bestrafung vermerkt ist, für die Darstellung keine Bedeutung; ebenso habe ich doch 516 das Laden auf den Wüstungen, wenn auch unter Anführung einer andern Stelle, eingehend geschildert.

III. *glaubt mich S. mehrerer Ungenauigkeiten zeihen zu dürfen.*

S. 36 heißt es, daß Bischöfe, Kapitel und Ritterschaft den Rundvertrag vereinbarten, eine Nachkontrolle ergibt als beteiligt auch Grafen und Herren.

Grafen und Herren zählen bekanntlich (wenigstens zweifellos damals im Hochstift W.) zur Ritterschaft!

136 werden die gebotnen Zentgerichte aufgeführt, 139 erfährt man, daß die Aufzählung unvollständig.

139 handelt es sich lediglich um verschiedene Arten sog. gemeiner Zentgerichte (Malgerichte usw.), welche 136 bei den gebotnen aufgeführt werden.

242 wird von der Zahl der Schöffen gehandelt, das prinzipielle Genügen geringerer Zahl bei handhafter Tat (Bütthart) nicht erwähnt.

Ich vermag durchaus nicht festzustellen, worauf Rez. hier zielt; er wird doch das Mordachtverfahren in B. nicht mit d. V. bei handhafter Tat zusammenwerfen?

242 die Zahl der Sch. zu Ebern auf 12 angegeben, daß aber in peinl. Fällen die zwei Bürgermeister hinzukommen, nicht erwähnt.

Ich habe 245 solche Fälle, in denen Ratsleute bei Abhaltung von Halsgerichten hinzugefügt werden, aufgeführt.

236 fehlt bei den Schöpfen Stuhlbruder und Stuhlgenosse.

Diese werden nur in der Bedeutung von Kollege vom Zentgrafen usw. bei Aufforderungen (Hegung usw.), eventuell, sofern jener der Verfasser der Zent O. selbst ist, auch sonst in dieser angewendet.

252 allgemein behauptet, daß für die Sitzordnung der Sch. nur das erstemal die Bedeutung des vertretenen Ortes, dann das Dienstalter maßgebend. Khf. 1, 736 das Gegenteil.

Diese Ausnahme von dem durchaus vernunftgemäßen Brauch ist doch recht unwesentlich.

250 die Verpflichtung der Sch. stets durch den Zentgrafen vorgenommen, 1, 1229 d. d. Dorfschulzen.

Dies schließt keineswegs aus, daß sie ordnungsgemäß doch nochmals vom Zentgrafen „mit aidspflichten" angenommen werden, s. dieselbe Zent, 1, 1238!

Sinnlose Kürzungen. Es handelt sich hier um eine Textkürzung in der Anmerkung. Es ist selbstverständlich, daß hier angesichts der überreichen Zahl von Zitaten manche tiefeinschneidende Kürzung vorgenommen werden mußte. Daß man übrigens diesen Satz mißverstehen kann, abgesehen davon, daß eine Vergleichung mit der Quellenstelle im ersten Teile leicht ermöglicht ist, scheint nicht wohl begreiflich.

Falsche Zitate. Rez. übersah hier, daß sich die Anm.-Ziffer meist nicht auf den letzten Satz, sondern auf den ganzen Abschnitt bezieht. Die Folge davon ist, daß der größte Teil der von ihm als falsch bezichtigten Zitate sich als richtig erweist. Als irrige, d. h. Druckfehler enthaltende Zitate vermag ich daher nur folgende zuzugeben: 8,2 statt 8,5, übrigens ist diese Anm. sowieso die 2. und letzte auf d. Seite, 29, 10 soll es MB. 38, 255 statt 225 heißen, 800, 11: 1000 st. 1001; 403, 10: 394 st. 392; 552, 5: 993 st. 994; 344, 24 endlich ist ein dem im Text angeführten Vorfall analoges Beispiel zitiert; also angesichts der vielen Zitate nur wenige Fehler geringfügiger Art.

Literaturangaben. Möller führte ich nicht m. Zschr. f. Rg. an, da diese Abhandlung auch selbständig erschien, Mayer, E., D. fr. Verf.-Gesch. ist, wo nichts näheres angegeben, der kurz vorher zitierte Band, ebenso Rockinger (Abh. d. Ak.); einmal blieb bei Zschr. f. Rg. aus Versehen die Zahl des Bandes weg.

Abkürzungen: MS. und VO. (O. und LVO. sind im Verzeichnis aufgeführt) bedürfen doch kaum einer Erläuterung, ebenso wenig StGO. unter einem Absatz, der über das Stadtgericht handelt. Hist. Saal und libri ommissorum (Unterabt. der l. diversarum) sind als archiv. Bezeichnungen dem W. Kreisarchiv so bekannt, daß eine Auffindung der gewünschten Stücke rasch ermöglicht ist.

IV. *beanstandet S. mehreres in Hinsicht auf die Terminologie.*

Es ist das Wort centa (MB. 38, 118) nicht angeführt.

Was bedarf es dessen Hervorhebung bei Gelegenheit der Verwertung einer so späten Quelle (1295), während die Bezeichnung doch viel früher vorkommt? Ist doch auch des centuriones ponere bereits 1160 (Streit mit Gebhard) und im goldnen Privileg 1168 gedacht.

Bei Ladung fehlt das Laden zu Haus und zu Hof.

Hierselbst (591, 594) genau behandelt!

778 fehlt mit dem Feuer zu Aschen brennen.

Dies doch recht überflüssig! S. jedoch bei „Hexenprozesse" (brennen zu aschen u. staub) 584!

835 ff. fehlt bei Leibesverletzungen handhaftige Wunden.

Dafür sind die hiemit identischen heftbaren, bindbaren (das man im hefft tut) Wunden 839 aufgeführt. S. bezgl. handheftiger W. auch den Hinweis im Register!

861 fehlt durch die Backen brennen.

Dies doch selbstverständlich identisch mit Brandmarken (861).

Trunkenheit ist nur als Strafmilderungsgrund behandelt, während 861, 2 auf Schuldausschließung hinzielt.

Dieser Mann bekam Gefängnis, also von SchA. wohl keine Rede.

Unter Diebstahl fehlen deube, dieberei.

Einfach kindisch!

Wissentlicher und nächtlicher Diebstahl.

Des wissentlichen D. ist des öftern gedacht, s. z. B. unter Notorium (432), ihn bei Diebstahl im Strafrecht aufzuführen, hat keinen Sinn; ein nächtlicher D.fall ist 866, 7 (D.) erwähnt, ein weiterer ist nicht eruierbar; s. übrigens die interessante Nordheimer Satzung 433.

Daß Doppelehe nicht auch zwiefache Ehe genannt.

?

Bei Notzucht fehlen erentreb, ehrnraub, notzwang.

Hinsichtlich der beiden ersten s. die Erläuterung im Register, notzwang doch wohl dem Rez. bereits bekannt.

Bei Unzucht und Sodomie fehlen Blutschande und sodomitische Sünde.

Rez. sollte doch wissen, daß Blutschande mit Inzest (861) identisch ist; sod. S. ist eben Sodomie.

Daß Güter, auf denen die Schöffenpflicht liegt, Zentgüter heißen.

S. hier die Zenthuben zu Sommerach und Stadelschwarzach 245! Zentgüter sind i. a. Besitzungen, welche irgendwelche Zentlasten tragen, s. z. B. die Zentwiesen 1, 437; sie jedoch durchgängig als solche zu bezeichnen, welche zur Leistung von

Sch. verpflichtet sind, halte ich für sehr bedenklich, geht auch aus 1, 1076 nicht mit Notwendigkeit hervor.

Beim Verpflichten der Schöpfen fehlt mit Pflichten beladen.

?

Daß Zentknecht auch Büttel heißt.

S. im Kap. Gerichtsknecht.

Daß die Späne, welche der Zentknecht ausschneidet, „wertzeichen“ heißen.

Wertzeichen ist hier identisch mit Wahrzeichen, s. bei Gelchsheim 1, 403, also Anführung überflüssig; s. auch das bei Grimm Wst. (1, 135 usw.) häufig vorkommende Wortzeichen.

Daß Klage technisch! auch clage heißt.

?

270 werden fahgulden, gerichtfl., verweisfl. vermißt.

Der Fangfl. ist doch auf eben dieser Seite ganz oben angeführt, s. außerdem i. d. Register. Daneben sind in jenem Kapitel eine große Anzahl von Einknüften des Knechtes infolge gerichtlicher Handlungen usw. erwähnt. Alle und jede braucht man doch nicht anzuführen; im übrigen sind sie in der Quelle eingehend erläutert.

Es fehlt liegender Mord.

S. bei Mord, 826!

Dieb am Seil.

Daß der Dieb am Seil zu liefern ist s. 289, 337 usw.; ihn bei Diebstahl aufzuführen, wäre sinnlos.

Freunde für Verwandte.

Von mir regelmäßig als identisch gebraucht, s. d. Register!

Behegen für hegen.

?

Gebrechenschreiber.

S. im Register unter Gebrechenamt und G.-Sekretär.

Belege für Feldgeschwornengericht, 120.

Hierüber handelt ein ganzes Kapitel, die Belege dort s. 121, Anm. 59 (Rockinger usw.).

Bel. zu Gebrechensekretär, 127.

Es ist doch die KanzleiO., in dem von ihm die Rede, ausdrücklich Anm. 67 zitiert.

Bel. für gebotnes und ungebotnes Gericht.

Dies hier doch nur wissenschaftliche Unterscheidung, deshalb eben keine Hinweise.

Bel. für ordentliches Gericht, 236.

Hier doch Eichelberg und Aschach ausdrücklich angeführt!

Bel. für Ketzerei 874.

S. im Kap. Ketzerei, 874! Die Verleumdung als Ketzer fällt selbstverständlich unter die schweren Injurien, dort (852) der Hexereibeschuldigung gedacht.

Daß bitzing, beizig von Bezichtigung abgeleitet ist.

Darüber sind sich, denke ich, die Gelehrten einig. (Die Überschrift s. 1, 38 beizig oder verleumutung!) S. im übrigen bei Schmeller II, 1103.

Warum ächtes Ding, es hat doch nichts mit der Acht zu tun?

Doch wohl nur ein schlechter Witz?

V. Daß Rez. auch an dem Register scharfe Kritik üben wird, war mit tödlicher Sicherheit vorauszusehen. Und wer vermag hier angesichts des beträchtlichen Umfangs des Werkes (2400 S.) nicht zu rügen und zu mäkeln! Anfangs riet man mir, nach dem Vorbild Plancks, Rosenthals, Hecks usw. überhaupt kein Register (oder lediglich ein Orts- und Personen-R). anzufertigen und dafür ein möglichst übersichtliches Inhaltsverzeichnis vorauszusenden; wo nicht, so sollte ich mich zu einem möglichst zusammenfassenden R., wie z. B. bei Lamprecht, entschließen. Allzu großer Ausführlichkeit zu huldigen, war von vornherein ausgeschlossen, denn ich hätte hier eines besonderen Registerbandes bedurft, und die dem Verleger auferlegten Opfer waren schon sowieso gerade groß genug. Schließlich entschied ich mich dafür, ein sehr genaues Inhalts-V. und nicht minder ein lückenloses Orts- und Personen-R. anzufertigen; hinsichtlich des Sach-R. vermochte zwar nicht alles Beachtenswerte Aufnahme zu erfahren, doch kann man durch Nachschau bei analogen Ausdrücken auch hierüber rasch Aufschluß erringen. So über Zentbüttel bei Büttel, ü. Zentfälle b. Zentsachen, ü. Zentknecht b. Knecht (Gerichtsknecht), ü. Zentschöpf b. Schöpf, ü. Zentstab b. Gerichtsstab, ü. Zentrichter b. Zentgraf, ü. Zentio, Zentgeschrei b. Zentschrei. Andere Bezeichnungen, welche Rez. vermißt, sind doch recht überflüssig, wie Zentbar, Zentherr, Zentstatt, Zentvolk, Zentmann. Zentgericht ist übrigens im R. eingehend (Arten, Ort, Zahl) bedacht.

Dasselbe gilt für seine Ausstellungen am Orts- und Personen-R. Gewöhnliche Flur- und Bauernnamen, wie Hartrhein, Korner, Langenberg, Schiltknecht, Bronschardt oder nebensächliche Beinamen von Adeligen, wie Marißfeld, Bennelberg anzuführen, wäre doch des Guten zuviel. Rosserickh ist Roßrieth; Linden ist als Linten im R. aufgeführt und doch schon aus der vorhergehenden Übersicht über die Zent Königshofen leicht festzustellen, daß Linden (wie bei Linten angegeben) nichts anderes als Lindles ist. Allein Fessern, das nur einmal erwähnt ist, fehlt, aber auch dies ist unter dem richtigen Namen Vessra eingereiht. Wenn S. sonst nichts auszusetzen weiß, so darf meine Absicht, ein lückenloses Orts- und Personen-R. zu erzielen, als erreicht gelten.

VI. *S. beliebt es, mein rechtshistorisches Wissen in Zweifel zu ziehen.*

139 ist der alten Heerschau auf dem Maifeld gedacht.

Ich wüßte nicht, inwiefern diese Reminiszenz (Schröder Rg. 154) bei Gelegenheit der Erwähnung der jedenfalls von alters her üblichen, alljährlichen Heerschau in der Zent Marksteinach verwerflich sein könnte.

154 treten Lehensleute als Lehensträger auf.

Man sieht hier wieder den unbeholfenen Theoretiker! Rez. möge gefälligst im Register von Grimms Wst. unter „Lehenträger" nachsehen, damit er sich über die verschiedene Bedeutung desselben klar wird. In unserer Quelle (Salb 124, 44) heißt es: „das huebgericht ist vor dessen mit den lehenträgern der 17 hueben besetzt", worauf später dieselben in Pflicht genommen werden.

342 die außergerichtliche Sühne als Unfug bezeichnet.

Ich behandle hier einen ganz besondern Fall; jeder Einsichtsvolle wird mir hier zustimmen.

371 Verworrene (!) Ansichten über Hegung.

Warum glaubt sich Rez. zu diesem Vorwurf befugt? Weil ich der Hegung einen doppelten Zweck zuspreche und Verbannung statt Bannung schreibe. Rez. sollte doch zur näheren

Information das ebenso von Schröder als Brunner angezogene treffliche Buch Burchards über die Hegung der deutschen Gerichte studieren. Hienach ist der Zweck des Hegungsaktes ein doppelter: Feststellung der gesetzlichen Voraussetzungen und Befriedung, „Verbannung" des Gerichts. Die Hegungsfragen und H.-Urteile vermögen also sehr wohl zur H. gerechnet zu werden. Was die Frage nach dem Beschreien des Gerichts anlangt, so scheint sie z. B. bei Gelchsheim (1, 404), da sie zwischen den Fragen nach der richtigen Besetzung und Dingzeit steht, zu den Hegungsfragen zu zählen; bildet ja doch auch das B. zweifellos eine der gesetzlichen Voraussetzungen des peinlichen Gerichts.

Zeuge, Eidhelfer, Schreimannen.

Ich begreife nicht, wie Rez. dazukommt, auf S. 353 Schreimannen zu finden, es ist hier doch vom Übersiebnen durch Eidhelfer die Rede. Daß er sich durchaus nicht dahin belehren läßt, daß wir hier in dem Übersiebnen den ordentlichen Prozeß gegen den gefangenen Verbrecher vor uns haben, ist äußerst bedauerlich, da doch ein Zweifel hieran undenkbar ist. Mit der Einführung des Übersiebnens ist aber im W. Gebiet die handhafte Tat ihrer Bedeutung völlig entkleidet; vor Gericht treten nur Helfer auf. Wenn ich S. 433 von Schreimannen spreche, so geschieht dies lediglich deshalb, weil ich der Nordheimer Satzung ein sehr hohes Alter zuerkenne. Beispiele für die Umwandlung von Schreimannen in Helfer im Übersiebnungsverfahren sind in meiner demnächst erscheinenden Abhandlung über das Übersiebnen der schädlichen Leute des MA. zu finden.

Daß das Andingen in Meiningen und Medlitz von der Partei ausgeht.

Wer hat hier „beispiellos leichtfertig" die Quellen studiert? Wie heißt es in Meiningen (1, 830): „dornach bit der *cleger*, ob es sich begeb, das es uber mittag keme, ob er sein dieb oder morder dornach mocht richten. urtheil. so e r zu rechter tagzeit habe angedingt, moge er ine nach mittage anrufen!" abgesehen davon, daß alle vorhergehenden Fragen, die sonst der Fürspreche stellt, vom Kläger ausgehen. Ferner heißt er in *Medlitz* „antwort drauf: es würd zu recht erkannt, er

(Kläger oder Beklagter) habe sich genugsam angedingt, er säume sich nur in seinen worten nicht u. lasse es *durch den Fürsprecher ausgehen.* Hier kann doch vom Andingen durch den Fürsprecher keine Rede sein; daß die Holung endlich der wichtigste Zweck des Andingens ist, bedarf wohl keiner weitern Erläuterung.

Zweikampf.

Rez. hätte sich hier angesichts meines Hinweises auf Planck darüber klar sein müssen, daß ich unter dem alten Recht lediglich das zur Zeit des Ssp. meine. Abgesehen davon, daß ich die Eidesschelte anführe — denn was ist diese im Grunde genommen anders als die Verlegung des Eides unter der Bezichtigung, daß der Gegner im Begriffe ist, einen Meineid zu leisten (weshalb auch die Meineidsbeschuldigung und Eidesschelte früher unter der nämlichen Buße standen, s. Brunner, Rg. 2, 676) —, bringe ich die Fälle, in denen die Kampfesklage damals vor allem noch praktische Bedeutung hatte. Und Planck zieht hier äußerst scharfe Grenzen. Diesem kurzen Exkurs kommt übrigens nur sehr nebensächliche Bedeutung zu, indem es mir ja lediglich daran lag, den Brauch zur Zeit der W. Zentreformation, wo sich, was das Gebiet des Hochstifts anlangt, das Institut des ger. Zweikampfs bereits dem Absterben nahestand, mit dem einer frühern Epoche in Vergleich zu ziehen.

Anschauung über den Eid.

S. hier das treffliche Werk über den Eid von R. Hirzel, 1, 11 ff. Mit der uralten Selbstverfluchung (ich danke übrigens für die Belehrung!) wollen wir bei Behandlung des Zivilverfahrens des 14. und 15. Jh. doch lieber nicht manövrieren.

Rechtsausführung bei Notwehr ehedem Inzichtsverfahren, später Prozeß ex lege diffamari.

Jeder Leser wird sich sofort hierüber klar sein, daß ich hier mit „ehedem“ die Zeit vor Einführung des pr. ex lege diffamari meine; das Inzichtsverfahren war nach den beigefügten Zitaten noch im 16. Jh. in Anwendung. Es ist mir daher tatsächlich völlig dunkel, was hier Rez. mit der Klage gegen den toten Mann will. Um soweit zurückzugreifen, fehlte mir mangels einer einschlägigen W. Satzung leider der Anlaß.

Rädern und Vierteilen in der Abschreckungszeit.

Wohl erfreuen sich beide Strafen hohen Alters, doch wurde später ihr Vollzug ein ganz anderer (s. Grimm RA. II, 266, 272), und erst in jener Periode wurden sie in der Weise vollstreckt, wie wir sie noch im 18. Jh. kennen. Zumal das Rädern wurde ebenso wie das Richten mit dem Schwert zur Kunst (s. h. a. m. Nürnb. Lochgefängnis).

Wergeld um den Beginn der Neuzeit.

Daß ich an dieser Bezeichnung nach dem Vorbild anderer, so z. B. Grimm (s. d. Register zu den Wst.), festhielt, da eben inmitten der Fülle der verschiednen Bußen und sonstigen Strafleistungen nichts besser und kürzer die an die Witwe und Freundschaft zu gewährende Abfindung kennzeichnet, kann mir doch wohl kaum verargt werden.

Söhne rühren für den Vater an des Richters Stab.

Es handelt sich hier zweifellos um ein Zahlungsgelöbnis.

Rügesystem, Habgier.

Dies geht wenigstens aus dem W. Rügeverfahren deutlich hervor; die Hauptsache war, daß den Ortsherren die ihnen zustehenden Bußen nicht verloren gehen, deshalb die unsinnige Bestrafung ganzer Gemeinden bei Verschweigung einer geringfügigen Rüge. Auch K. Ludwig hat nicht zum wenigsten aus jenem Grunde für Baiern die Abschaffung des Rügeverfahrens verfügt (da von grozzer unwille u. hazz unter den laeuten gewesen ist u. habent auch grozzen schaden davon genomen, wann sie jarlichen mit den richtern abdingen muozten, daz si si dz swerns überhüben).

Peinlein, öffentlicher Kläger, untergeordnete, automatenhafte Rolle.

Wer meine beiden Studien über den Löwen und Peinlein im Nürnb. Kriminalverfahren (Klagen von Rats wegen) und in den W. Zenten 500 und 546 f. genau prüft, der vermag mir in dieser Hinsicht nur Recht zu geben.

Gerechtigkeitssinn noch unvollkommen entwickelt.

Hiefür weist doch das Werk zahlreiche Belege auf.

Totschlag fällt in früherer Zeit häufig unter den Begriff Mord.

S. hier insbes. auch das Kap. Mord, 826 f., außerdem mein Nürnb. Kriminalrecht, 178, Harster, Strafrecht d. Rst. Speier

139, Zoepfl, Das alte Bamberger Recht, 112, Osenbrüggen, Alam. StrR. 209 usw.

Man enthauptet Weiber nicht, da man sie nicht für mutig genug hält.

S. m. Nürnb. KriminalR. S. 58.

Unredlichkeit, wenn man den Henker spielt.

S. hier den drastischen Fall S. 536!

VII. *wirft S. Mißverständnisse und falsche Interpretationen vor.*

Bei Folge die Stelle aus MB. 38, 155 angeführt.

Diese Bestimmung ist doch vornehmlich auch für den Fall erteilt, daß einer infolge Hilferufs oder sonst den Stadtfriedenssätzen gemäß seiner Pflicht genügt und zur Friedensstiftung herbeieilt. Er soll hier die „Geschichte" scheiden und bessern und nicht ärger machen.

436 bei handhafter Tat der Kläger, der den Täter gebunden, näher zum Beweise, weil ungebunden.

S. 436 steht nur der gewiß unanfechtbare Satz, daß der Beklagte, der ungebunden vor Gericht tritt, näher zum Beweise ist, als der Kläger.

Bei Tage eine Rüge, bei Nacht ein Diebstahl.

Hier tatsächlich nur eine Änderung des Charakters der Rüge, denn der Satz sollte eigentlich lauten: bei Tag eine Feld-, bei Nacht eine Diebstahlsrüge, da ja D. ebenfalls stets gerügt werden mußte.

Daß Beizig (s. 388) eine Bedeutungsänderung erfahren hat.

Rez. hat hier die Quelle wieder „wenig sorgfältig" geprüft. Das „oder" 1, 39 Z. 21 soll disjunktiv sein; dies ist durchaus unrichtig: Beizig bedeutet hier lediglich Bezichtigung (wer sich die Bezichtigung oder die Tat, deren er den andern bezichtigte, zu beweisen vermißt) — analog der Überschrift des Abschnitts (S. 38): beizig oder verleumutung. Er hat ja dann auch für den Fall, daß der Beweis mißlingt, dem falsch Bezichtigten, d. h. dem, der den „beizig' (d. h. hier die Rechtsausführung infolge des Beizigs) thete" (s. oben „so ein burger oder baur fur ein beizig komen will, der mag das thun"), „karung u. wandel zu thun"; hier kann doch n u r der Verleumder gemeint sein. s. auch den folg. Abschnitt: „were es aber, das solchs hals u. hant antreffe, solle der, der sich vermessen hette, beweisung zu thun“ usw. Ich begreife nicht, wie Rez. die so deutliche Vorschrift mißverstehen konnte.

417 dreieckiger Kolben, ein Körper dreieckig!

Hier muß ein Mathematiker beeinflußt haben! Nun, man spricht doch auch stets vom fünfeckigen (nicht fünfkantigen) Turm in Nürnberg und dies ist doch gewiß ein ganz respektabler Körper!

733 Geschmacklosigkeit, daß für „Züchtlinge“ die doppelfarbige Tracht eingeführt.

Wenn Rez. diese rotblaue Tracht für geschmackvoll hält, sei ihm dies zugestanden, de gustibus .... Züchtling ist der quellenmäßige Ausdruck.

622 Parteiverteilung.

Dies selbstverständlich ein Druckversehen: Beweisverteilung.

642 Selbstpfändung.

Ich verstehe hier unter S. natürlich Privatpfändung und es ist doch klar, daß in jener Satzung, durch die die sofortige Ablieferung des Pfandes an das Gericht verlangt wird, ein Verbot bzw. eine Einschränkung der P. liegt.

VIII. *Absichtliche falsche Angaben!*

In Meiningen bei dem Halsgericht kein Geleit zugesichert, in Widerspruch mit 1, 828.

Höchst oberflächliche Quellenlektüre: 828 wird bei Hegung des „gemeinen“ Zentgerichts Geleit zugesichert, 829 heißt es: „so aber ein peinlich u. halsgericht gehalten — hegt er das von wegen des herzogthumbs, geschwegt m. gn. herrn des capitels, *gibt auch nit fride u. geleit.*“

418 Stock des kämpfenden Mannes einen Daumen dick.

Endlich einmal ein wirklicher und wahrhaft unverzeihlicher Fehler, den mir Rez. nachzuweisen vermag: der Kampfstock ist tatsächlich zwei Daumen dick! Und dies habe ich noch dazu absichtlich, also dolos falsch angeführt!

Daß das Ding 529 3—8 Tage vorher angekündigt wird, im Widerspruch mit 1, 720, wo es doch vier Wochen heißt.

Wieder ein unbegreiflicher Einwand: 529 ist doch vom *peinlichen* Rechtstag bzw. Halsgericht, 1, 720 vom *gemeinem* Zentgericht die Rede. Eine Verwechslung ist hier doch nahezu ausgeschlossen.

Wenn endlich „Kerker“ in dem kolossalen, auf Gefängniswesen bezüglichen Material nur einmal vorkommt, nicht einmal in der Hauptstadt, wo es doch Gelasse gab, welche ihrer Unwirtlichkeit wegen gewiß diese Bezeichnung verdienten, und zwar in einer Gefängnisordnung, die vielleicht einem fremden Vorbild (Henneberg?) entnommen wurde, so bezeugt dies doch, daß jener Ausdruck dem W. Gebiet fast völlig fremd war. (Hiefür Gefangknus und Custodie.) Ebenso kommt „Fraisch“ sehr selten vor, im Gegensatz zum Bambergischen, Nürnbergischen, Onolzbach-Culmbachischen und Eichstättischen Gebiet, da sich eben in Würzburg Zent begrifflich durchaus mit Fraisch deckt. Wir finden dieses daher nur hie und da in den ZentO. und vornehmlich in solchen, die sich teilweise auf Bambergisches oder Brandenburgisches Gebiet beziehen (s. z. B. 1, 333, 1072, 1074) oder auf Verhandlungen mit fremden Beamten (1090).

Die Tendenz der Kritik bekundet sich aber besonders offensichtlich auf der letzten Seite der liebenswürdigen Besprechung. Rietschel und Günther loben meine anschauliche und ungezwungene Sprache, tadeln jedoch (was bei einem solch umfangreichen Werke nichts Besonderes) einige Nachlässigkeiten, wie letzterer auch auf meine Vorliebe für Archaismen hinweist. Was diese anlangt, so ist sie bei einem, der angesichts seiner vieljährigen Praxis mit jener Zeit ziemlich vertraut ist und dem auch die Sprechweise derselben sozusagen in Fleisch und Blut übergegangen, gewiß begreiflich. Ich glaube jedoch nicht, daß sie störend wirkt, huldige ich ja ältern Ausdrücken nur, um einer zu häufigen Wiederholung der modernen vorzubeugen, wie wenn eben jene die weitaus treffenderen scheinen.

Wie nützt nun S. diese sicher nicht schwerwiegenden Vorwürfe aus: „K. verleidet dem Leser das Buch nicht nur durch den Inhalt, sondern auch durch die von R. und G. gerügte Form. Es gibt wohl wenig Bücher, die sich „für wissenschaftlich ausgeben“ und gleichzeitig hinsichtlich der Sprache und Stilistik soviel zu wünschen übrig lassen.“ Und nun führt er eine Reihe von Ausdrücken an, welche, wenn sie auch mitunter etwas drastisch lauten, lediglich zur besseren Charakterisierung bestimmter Vorfälle und Zustände gewählt wurden und, sofern sie nicht, wie hier, aus dem Zusammenhang herausgerissen werden, ihren Zweck gewiß erfüllen. Daß S. — und nicht dem verständigen Leser — mein Buch verleidet ist, glaube ich gerne, die Gründe dafür liegen jedoch ganz wo anders! So hübsche Stilproben, wie in dieser Kritik, so z. B. „Ganz entsprechend der Nichtausnützung der Quellen ist die häufige ungenaue Ausnützung, sind überhaupt Ungenauigkeiten" oder „auch fehlende Zitate zeigen sich (?)" finden sich übrigens in meinem Werke nicht vor.

Doch wir sind am Ziele! Was hat sich nun von den zahlreichen Vorwürfen als wirklich stichhaltig erwiesen? Nichts außer einigen nichtssagenden Kleinigkeiten: daß der Kampfstock zwei statt einen Daumen dick, daß ich das hohe Alter des Räderns und Vierteilens nicht hervorhob, daß ich einiges nicht gerade an der Stelle aufführte, wo S. es für zweckmäßig hielt, Druckfehler in den Zitaten, kurz Geringfügigkeiten, die doch bei einer so umfangreichen Arbeit (2400 S.) nicht in die Wagschale fallen können. Und darum hat er mich in so wegwerfender Weise der Leichtfertigkeit, Unwissenheit und, was die schlimmste Bezichtigung, der Unzuverlässigkeit in der Herausgabe der Quellen geziehen und darum vermaß er sich, die Savigny-Stiftung zu bedauern, daß sie gezwungen war (!), das mißratene Werk dotieren zu müssen. Und gerade der Referent der Kommission HR. von Amira scheint es durchaus nicht für so unbrauchbar zu halten, hat er es doch vor kurzer Zeit in seiner trefflichen Abhandlung über den Gerichtsstab (der Stab in der germanischen Rechtssymbolik, Abh. d. M. Akad.) über siebzigmal zitiert.

Mit Genugtuung erfüllt es mich daher, daß die Zenten auf solche Weise eine Feuerprobe sondergleichen bestanden haben; denn ein Quellenwerk einer solch peinlichen Untersuchung zu unterwerfen, eine wissenschaftliche Darstellung Wort für Wort zu prüfen, um Mängel und Fehler aufzuspüren und dann die Gesamtarbeit in den Kot treten zu können, ist beispiellos. Niemand aber, der die Kritik wie deren Vorgeschichte unbefangen prüft, wird sich des Gefühls erwehren können, daß hier nicht, wie es sonst der Brauch, die Beweiserhebung vor dem Entscheide erfolgte, sondern die Begründung vielmehr lediglich dazu dienen sollte, ein vorschnell gefaßtes Urteil um jeden Preis zu retten. Doch das Bestreben war fruchtlos: Der Pfeil traf den Schützen!

Gleichsam zur Ergänzung meines Vorworts gestatte ich mir — ohne daß dies in Beziehung zu obiger Kritik steht — zur Erläuterung meines Systems noch Nachfolgendes auszuführen:

1. Wie erwähnt, war ursprünglich auch geplant, die zahlreichen Weistümer und DorfO. wenigstens auszugsweise zu verwerten und hiemit Notizen über die dort begüterten Grundherren, die Gerichtsverhältnisse, wie auch statistische Daten zu verbinden. Es wäre hiezu jedoch noch ein ganzer Band benötigt worden. Zudem ward vor der Edition der Plan der Gesellschaft f. fränk. Geschichte bekannt, eine Gesamtausgabe der Wst. und DO. vorzunehmen. Immerhin gelangten jedoch der gesamte auf Verfassung, Verfahren und Strafrecht bezügliche Inhalt derselben wie massenhafte Beispiele der Spruchpraxis der Gerichte (Exzerpte aus zahllosen Urkunden und Akten) im zweiten Bande zur Verarbeitung.

2. Es ist außer dem vorhandenen arch. Material die ganze auf das W. Hochstift bezügliche Literatur berücksichtigt worden. So ist eine in einer Besprechung vermißte hohenlohische Urkunde von 1345 auf S. 69 verwertet, jedoch mit dem Fundort MB. 41, 148. Hinsichtlich der geographischen Notizen sei bemerkt, daß die den ZO. vorangehenden Tabellen durchaus modernen Charakter tragen, das angefügte w. also andeutet, daß die betr. Ortschaft jetzt zu den Wüstungen zählt. Die früheren W. sind aus den ZO. selbst ersichtlich.

3. Eine genau ausgeführte Gerichtskarte anzufügen, war für mich eine von vornherein beschlossene Sache; leider wurde mir aus ökonomischen Rücksichten die Zustimmung versagt.

4. Daß viele Stellen antiquarischen Charakter tragen, soll nicht geleugnet werden; es war jedoch gerade angesichts

der Fülle des Materials sehr schwer, zu entscheiden, was der Überlieferung wert und was für immer unter den Tisch fallen soll. Verfuhr ich in dieser Hinsicht gewiß nicht überängstlich, so ließ ich mich doch im übrigen durch eine Mahnung K. v. Maurers leiten, welcher mich seinerzeit tadelte, daß ich in mein Nürnb. Kriminalverfahren manches weniger Wichtige nicht aufnahm. Man könne im Gegenteil hierin kaum zuviel tun, und was der Jurist gering achtet, das wird der Kulturhistoriker mit Dank begrüßen. Und ich schrieb doch auch für diesen! Dabei wird das von mir so gründlich durchgearbeitete archivalische Material kaum mehr von einem andern nochmals eingehend beachtet werden.

5. Hätte ich auch die Nachbargebiete berücksichtigen wollen — abgesehen davon, daß dies meinem Prinzip (s. m. Nürnb. Kriminalverf. S. 203), die Rechtsgeschichte jedes Territoriums scharf getrennt von der der andern zu behandeln, durchaus widersprochen hätte —, so wäre auf diese Weise die Vollendung des Werks ad calendas graecas hinausgerückt worden. Man wolle doch bedenken, daß ja auch die umliegenden Gebiete, Mainz, Fulda usw., in dieser Hinsicht noch fast gar nicht erforscht sind; es hätte also die Erfüllung jenes Wunsches — das Mainzer Material ist dabei noch in fünf Archiven verstreut — noch reichlich sechs Jahre beansprucht. Und jedes dieser Nachbargebiete soll ja eben wieder Gegenstand speziellen Studiums werden.

6. Was die Geschichte der Entwicklung der W. Gerichtsverfassung anlangt, wurden die gesamten urkundlichen wie literarischen Quellen verwertet. Das Wesentliche hierüber findet sich in den Abschn. Immunität und Herzogtum, W. Stadt- und Gerichtsverfassung, der Zentgraf und Schh. der Hauptstadt usw. vor; das Kap. Zentgerichte der Landschaft bezweckt lediglich eine Vorführung der verschiedenen Arten der Gerichte mit Angabe der wichtigsten Merkmale, die Besonderheiten derselben sind ja dann in den folgenden Kapiteln eingehend gewürdigt. In Hinsicht auf die Vorgeschichte wurde gewiß nichts Beachtenswertes übersehen; denn sind uns einerseits die Urkunden vor 1400 in trefflicher Zusammenstellung durch die Mon. Boica vermittelt, so zog ich außer-

dem noch zahlreiche andere Urkundenwerke und Schriften zu Rate.

Eine Vorgeschichte der Zent jedoch im allgemeinen zu bringen, so besonders unter Bezugnahme auf die fränkisch-merowingische Hundertschaft, überstieg den Rahmen meiner Aufgabe, wie auch die mir zur Verfügung stehenden Mittel, da hiedurch das Werk nicht minder bedeutend an Umfang gewonnen hätte. Wer garantiert auch, daß, angesichts der großen Verschiedenheit der einzelnen Territorien in bezug auf Verfassung und Verfahren in späterer Zeit, jene allgemeinen Grundsätze wirklich für das Hochstift W. maßgebend waren. Es wäre also wieder eine Fülle von Hypothesen übrig geblieben, welche die scharfen Konturen des Verfahrens durchaus verwischt hätten; Rückschlüsse aber aus den gefundenen Ergebnissen zu ziehen, schien mir ebenso bedenklich. Ich hoffe noch andere Territorien auf solche Weise zu behandeln; wo käme ich hin, wenn ich jedesmal bis zu Olims Zeiten zurückgreifen müßte. Solches mag gerechtfertigt sein, wenn sich sämtliche Einzelforschungen dereinst zu einem übersichtlichen Bau des süddeutschen Verfahrens einen sollen.

7. Wenn ich am Schluß des Kap. Immunität und Herzogtum der Vermutung Raum gebe, es könnte die Herzogsfrage immerhin nochmals aufgerollt werden, so soll damit nicht gesagt sein, daß ich meine Ausführungen nicht für stichhaltig ansehe. Daß ich, wie eine Kritik rügt, hiebei des Ekkehard von Aura nicht gedacht habe, geschah deshalb, weil ich der Äußerung desselben einen durchaus privaten Charakter zugemessen habe. Es ist ja richtig, daß die W. Bischöfe von jeher mit dem Titel dux orientalis kokettierten und sich mit Vorliebe so benannt sahen; daß dies jedoch von 1168 unter ehrlicher Zustimmung des Reiches geschah, scheint mir ausgeschlossen. Wenigstens war jener Dukat seinem Inhalt nach nichts wie eine dignitas judiciaria, denn sonst hätte es doch nicht solcher Anstrengungen und Fälschungen bedurft, um der wichtigen Herzogsgewalt und dann unter Fixierung auf das Hochstift selbst endlich habhaft zu werden.

Beilage zum Übersiebnen der schädlichen Leute in Süddeutschland.

Mein letztes Wort über Freiherrn Cl. von Schwerin.

Von

Dr. Hermann Knapp.

Frhr. v. Schwerin hat meine Abwehr gegen seine Kritik der „Zenten des Hochstifts Würzburg" durch eine völlig nichtssagende und unsachliche Gegenwehr zu entkräften versucht, und zwar in einer Leidenschaftlichkeit, welche jedes Maß übersteigt und so recht offensichtlich den Zorn über die wenig ruhmvolle Lage, in die ihn seine Willkür geführt hat, bekundet. Ob es den Regeln literarischen Anstandes entsprach, mein Werk in einem so weitverbreiteten Organ der Tagespresse in so kränkender Weise, und zwar ohne jegliche Begründung, herabzusetzen, wie ob es glaubhaft scheint, daß für dies vorschnell gefaßte Urteil der ganz kurze Einblick in wenige Archivalien ausreichend war, oder ob vielmehr die eigentliche Beweiserhebung erst nachträglich, d. h. in den 70 Tagen geschah, während welcher ihm jenes Material (ein Teil des von mir verwerteten Stoffs) zu eingehendem Studium vorlag, mag füglich dem Ermessen meiner wie seiner Fachgenossen, aus deren Kreis ich mehrere zustimmende Zuschriften erhielt, überlassen bleiben. Wirft er mir nun auch böswillige Verleumdung vor, mit dem Kadi drohend, so tut es mir leid, mich jener Überzeugung nicht erwehren zu können. Wenn ich selbst H. v. S., wie er es reichlich verdient hätte, nicht vor den Strafrichter zog, so geschah dies, weil einerseits, wie allbekannt, auf diesem Weg nur wenig Genugtuung zu erringen ist und ich es andererseits für würdiger hielt, diesen wissenschaftlichen Streit vor dem Forum, vor das er allein gehört, auszufechten.

Wenn sich H. v. S. in dem Wahn befindet, bei jenem kurzen Einblick lauter Treffer erzielt zu haben, so beweist er lediglich, daß er, wie dies leider häufig bei jungen Leuten der Fall, nicht einmal die erste Pflicht des Kritikers kennt, nämlich die, vor allem das Vorwort zu lesen. Da er dies unterließ und allem Anschein nach auch sonst der Quellenedition als verständnisloser Laie gegenüberstand, mochte er freilich über jene angeblichen Treffer frohlocken, die sich dann — zu spät für seine Einkehr — als lauter Nieten entpuppten. Ich muß daher den geradezu ehrenrührigen Vorwurf der Unzuverlässigkeit, der durch nichts bestätigt ist, nochmals und mit aller Entschiedenheit zurückweisen. In der Gegenwehr S. 7 freilich stellt er die ungeheuerliche Behauptung auf, ich wäre in der Schreibweise insofern willkürlich verfahren, als ich (aid und eid je nach der Quelle) dreierlei in treierlei „archaisiert" hätte. Worauf gründet sich aber diese merkwürdige Unterstellung? Wieder auf seine bekannte Oberflächlichkeit: Auf S. 5 gesteht er offen zu, daß er den Friesischen mit dem Echterischen Text verwechselt habe, auf S. 7 verfällt er in den nämlichen Fehler: treierlei ist durchaus quellenmäßig nach Fries wiedergegeben! Da aus solchen Bezichtigungen bedenkliche Schlüsse auf die von mir bei der Edition geübte Sorgfalt gezogen werden müssen, so hätte H. v. S. wenigstens hier nicht so leichtfertig verfahren sollen.

Überhaupt fällt hierbei ein seltsames Licht auf dieses Herrn Rezensionstätigkeit: Wer ein solch kränkendes Verdikt, und zwar in der Tagespresse und ohne Belege über eine Arbeit abgibt, auf die eine Unsumme von Mühe verwendet wurde, der muß doch als anständig denkender Mensch vor der Veröffentlichung prüfen und nochmals prüfen, ob seine Vorwürfe auch wirklich gerechtfertigt sind. Dies hielt H. v. S. indes keineswegs für nötig, jene oberflächliche Einschau salvierte durchaus sein Gewissen. Nun kommt aber das Wichtigste: Nachdem H. v. S. im Juli sein Urteil urbi et orbi verkündet hatte, also zu einer Zeit, wo dieses in jeder Hinsicht unumstößlich sein mußte, ließ er sich noch zweimal die Archivalien von Würzburg übermitteln. Er habe dies getan, sagt er in seiner Gegenwehr, weil er gründlicher arbeite, als dies Herr Knapp zu tun scheint. Er fährt dann fort: „Das erste Mal ließ ich mir die Archivalien kommen, weil ich das Manuskript nicht abschließen wollte, ohne nochmals die Berechtigungen meiner Ausstellungen geprüft zu haben.“ Unter den Ausstellungen aber, deren Berechtigung H. v. S. an Hand der Archivalien nachprüfen wollte, kann man doch nur diejenigen am ersten Bande, d. h. der Quellenedition, verstehen, zu denen er sich eben allein auf Grund des kurzen Einblicks in Würzburg befugt wähnte; denn für die Kritik des darstellenden Teils benötigte er doch kaum der Archivalien. Hieraus ergibt sich jedoch: H. v. S. fühlte sich völlig sicher, als er im Juli 1908 den schlimmen Vorwurf gegen mich schleuderte, er tat dies ja ohne Begründung, so daß ich mich hiergegen nicht zu wehren vermochte; H. v. S. fühlte sich aber nicht mehr sicher, als es galt, mit der Begründung selbst herauszurücken, und darum nochmals die Prüfung der Berechtigung seiner Ausstellungen! Und dies nennt H. v. S. in seiner naiven Weise gründlich arbeiten! Dabei geht ihm völlig das Gefühl dafür ab, daß er ja nach jenem willkürlichen Angriff gar nicht mehr befähigt war, sine ira et studio an jene Prüfung heranzutreten. Sein Vorwurf wog ja so schwer, daß er, wenn sich die Hinfälligkeit seines Urteils nachträglich ergab, dies gar nicht bekennen konnte, ja auch heute noch nicht bekennen kann, ohne sich selbst im höchsten Grade zu blamieren und zu schaden. Unter solchen Umständen lehne ich es ab, mich mit H. v. S. über den Wert meines Werkes noch weiter zu unterhalten. Im Interesse des Friedens aber rate ich allen Redaktionen, an die etwa H. v. S. Besprechungen einsendet, zumal wenn sie der Begründung ermangeln, jene für ungemessene Zeit wieder zurückzustellen, damit er „die Berechtigung seiner Ausstellungen“ nochmals prüfen kann, bevor er sich durch eine vorschnelle Veröffentlichung festgelegt hat.

Bezüglich seiner übrigen Expektorationen, durch die er mit geradezu verblüffender Eleganz über die Hinfälligkeit seiner Kritik hinwegtäuscht, sei einfach auf meine Abwehr verwiesen; setzt sie doch besonders auch seine Unwahrhaftigkeit in Hinsicht auf die Behauptungen, ich hätte ihm — während doch seine Begründung im großen Ganzen einer Entgleisung gleichkommt — nur zwei Lapsus nachgewiesen, oder ich wäre über verschiedene (und doch wohl wesentliche) Beanstandungen wortlos hinweggegangen, in grelles Licht. Und eben weil ja jene Kritik so kläglich ausfiel, muß das verfrühte Urteil um so mehr als unverantwortlich erscheinen, wie die Vermutung bestehen, daß er — und sonst hätte er doch einen schwerwiegenden Fehler dargetan — sein restlos Bestes in die Bresche warf.

Wie lächerlich endlich der Vorwurf der Selbstgefälligkeit, lediglich deshalb, weil ich zur Charakterisierung der immensen Arbeit, welche die Erfüllung meines Versprechens erforderte, der Vermutung Raum gab, daß die Sichtung des überreichen Stoffes für mein Werk wohl nicht weniger Mühe, als für Plancks Gerichtsverfahren, das auf gedruckten Quellen fußt, beansprucht hat. Von einem wissenschaftlichen Vergleich — und wer meine Verehrung für den Meister kennt, wird mich dessen nicht für fähig halten — kann doch hier gewiß keine Rede sein!

Daß ich nach solchem Vorgehen H. v. S. als Kritiker, wenigstens in Hinsicht auf meine Schriften, nicht mehr als „unbefangen" zu betrachten vermag, wird mir niemand vergen, wie wenn ich weiteren Angriffen von seiner Seite kühle Nichtachtung entgegensetze. Und somit habe ich in dieser Sache das letzte Wort gesprochen!

Überreicht vom Verfasser.

ZUR GEGENWEHR

VON

CL. FRHR. VON SCHWERIN.

München 1910.

Kommissionsverlag der M. Rieger'schen Universitäts-Buchhandlung
(S. Himmer).

Herr Reichsarchivrat Dr. H Knapp hat es für erforderlich gehalten, auf meine Besprechung seiner Ausgabe der Zenten des Hochstifts Würzburg (Hist V. Schr. 09, 269 ff) mit einer Entgegnung (Freiherr Cl von Schwerin und die Zenten des Hochstifts Würzburg, Berlin 1909) zu antworten, offenbar in Unkenntnis der Tatsache, dass Antikritiken unter Umständen eine Antwort herausfordern, die den Verfasser noch unangenehmer trifft, als die beanstandete Besprechung. Wenn diese Antwort im gegebenen Fall erfolgt, so hat sich Herr Knapp die Folgen allein zuzuschreiben.

Ich habe mir gründlich überlegt, ob ich überhaupt antworten solle. Eine Reihe von Gründen sprach dagegen Vor allem der rein persönliche Grund, dass mir solche Erwiderungen im Innersten unsympathisch sind. Sodann trägt Knapps Erwiderung (im folgenden als E. zitiert) durch ihren abstossend gehässigen und würdelosen Ton ein so unwissenschaftliches Gepräge, erweist sich so deutlich als Pamphlet, dass ich nicht zu fürchten brauche, in der Achtung meiner Fachgenossen ihr zufolge zu sinken. Endlich kann ich aber meinen Fachgenossen auch beruhigt überlassen, wer von uns beiden sachlich im Recht ist. Die E. ist ja doch offensichtlich auf Leute berechnet, die ein selbständiges Urteil in der Sache nicht haben. Wenn ich nun trotz dieser Gründe zu einer Erwiderung schreite, so geschieht dies auf Grund der Tatsache, dass hier der Versuch gemacht wird, den Gegner durch grobe Unwahrheiten, Unterstellungen und Verdrehungen zu unterdrücken. Hierauf kann ich nicht schweigen; denn hier fehlt anderen zum grossen Teil das Material, selbst zu entscheiden, und ich liefe Gefahr, diesem unwissenschaftlichen Kampfmittel zu erliegen. Auch aus sachlichem Grunde darf ich nicht schweigen. Es wäre ein schwerer Schaden für die deutsche Wissenschaft, wenn ein derartiges Verfahren sich einschleichen oder auch nur einmal geduldet würde. Es muss einmal gezeigt werden, mit welcher Art von Wissenschaft man es hier zu tun hat.

I. Herr Knapp versucht zunächst auf drei Seiten meinen Kredit dadurch zu schädigen und den Leser dadurch gegen mich einzunehmen, dass er wahrheitswidrig behauptet, ich hätte zuerst in einer rechtsgeschichtlichen Überschau in der Beilage der Münchner Neuesten Nachrichten vom 14. Juli 1908 über sein Buch eine abfällige Kritik abgegeben und dann erst, durch die Umstände gedrängt, gesucht, Gründe für mein Urteil aufzufinden, eine Behauptung, die später wiederholt wird. Es ist dies wohl einer der schwersten und ehrenrührigsten Vorwürfe, die gegen einen Rezensenten erhoben werden können, um so schwerer, als ich schon damals erklärte, die ausführliche Begründung meines Urteils sei im Manuskript fast fertiggestellt, so dass mich also Knapp der Lüge beschuldigt. Ich verzichte zunächst darauf, den beleidigenden Charakter der Knappschen Behauptungen durch den Strafrichter feststellen zu lassen; denn es kommt mir nicht darauf an, Herrn Knapp ein allerdings verdientes Übel zugefügt zu sehen. Aber ich erkläre die Behauptung des Herrn Knapp für unwahr. Allerdings versucht Herr Knapp, einen Beweis zu führen und nennt mein Vorgehen „wohl berechnet". Er möchte glauben machen, dass ich im Juli 1908 wegen mangelnder Kenntnis der Handschriften ein begründetes Urteil überhaupt nicht fällen konnte, dass ich nur durch eine, dem Vernehmen nach von einem Münchner Archivbeamten lancierte Bemerkung in einer Tageszeitung zur Veröffentlichung meiner ausführlichen Kritik bestimmt wurde. Er führt zuerst ins Treffen, ich sei nur an zwei Vormittagen im Würzburger Archiv gewesen. Das kann richtig sein, obwohl ich meine, mich erinnern zu können, dass ich an einem Nachmittag im Archiv war. Jedenfalls reichte die Zeit, die ich tatsächlich dort arbeitete, vollkommen aus, um genügende Grundlagen für mein Urteil zu sammeln. Hatte ich ja doch mit der erleichternden Tatsache zu tun, dass fast jede Stichprobe über das Verhältnis zwischen Druck und Handschrift einen Treffer brachte. So gelang es mir. in wenigen Stunden alles das festzustellen, was meine Besprechung über diesen Punkt enthält. Den zweiten Punkt erledigt wohl am schnellsten die Mitteilung, dass ich die Korrektur meiner Besprechung schon am 3. Februar erhielt, also etwa einen Monat vor dem Zeitungsartikel (28. Februar 09), der mich angeblich zur Veröffentlichung bewog. Im übrigen wird mir Herr Geheimrat Seeliger (Leipzig) jederzeit bezeugen können, dass ich von Anfang an um möglichst schleunige Veröffentlichung bat. Ich kann also auch diese Behauptungen in das Reich der Fabel verweisen. Doch warum habe ich mir dann, wird Herr Knapp vielleicht fragen, noch zweimal nach dem 14. Juli 1908 die Archivalien von Würzburg kommen lassen? Gerade damit möchte er ja beweisen, dass ich immer noch nach Material zur Begründung meines Urteils suchen musste. Dies habe ich aus dem einfachen Grunde getan, weil ich gründlicher arbeite, als

Herr Knapp das zu tun scheint. Das erstemal liess ich mir die Archivalien kommen, weil ich das Manuskript nicht abschicken wollte, ohne nochmals die Berechtigung meiner Ausstellungen geprüft zu haben, das zweitemal, weil ich auch die Korrektur unter der Kontrolle und an der Hand der Handschrift machen wollte.

Unwahr sind ferner die Behauptungen, ich hätte im Juli 1908 erklärt, ich würde die Begründung meines Urteils in „nächster" Zeit bringen (E. 3), ich hätte in der Augsburger Postzeitung das lange Nichterscheinen meiner Begründung mit dem Hinweise entschuldigen wollen, dass diese ein mehrwöchentliches Studium erfordert habe.

Unwahr ist, dass ich in Universitätskreisen „weidlich" gegen Knapp „Propaganda gemacht" habe. Lediglich mit ganz wenigen Bekannten habe ich über die Sache gesprochen. Niemandem gegenüber habe ich gegen Knapp agitiert oder „Propaganda gemacht".

Unwahr ist es und wiederum meinen eigenen Feststellungen in der Hist.V.Schr. widersprechend, also wiederum den Vorwurf der Lüge enthaltend, dass ich in meiner Rezension mein ganzes Material aufgedeckt habe. Ich erkläre noch einmal, dass „meine Ausstellungen durchweg nur Beispiele enthalten" haben.

Missleitend ist, was Knapp über die sogenannte „Geschichte" meiner Besprechung sagt. Ich stelle den wahren Sachverhalt nun ein für allemal fest. Im Frühjahr 1908 erhielt ich das Knappsche Werk zur Besprechung in der Hist.V.Schr. zugesandt. Ich arbeitete es durch und sah, um ein sicheres Urteil über die mir etwas fragliche Edition zu gewinnen, kurz nach Pfingsten die in Würzburg befindlichen Originale dort ein. Mehrere Wochen darauf erst erschien meine kurze Kritik in der Beilage der Münchner Neuesten Nachrichten (14. Juli 1908). Wenige Tage später trat ich eine Studienreise nach England an und kehrte erst am 30. September zurück. Deshalb war ich von der Redaktion zuerst nicht aufzufinden. In England erhielt ich Knapps Protest zugesandt mit dem Beifügen, dass dieser keinesfalls in der vorliegenden beleidigenden Form gedruckt werden könnte. Ich schrieb m. E. zurück, man solle den Protest doch genau so abdrucken, da er ausserordentlich charakteristisch sei und fügte eine dementsprechende kurze Bemerkung hinzu. Eine sofortige Begründung musste im wesentlichen nicht aus dem von Knapp angegebenen Grund, sondern vor allem deshalb unterbleiben, weil das Britische Museum von Knapps Werk nur die Quellenbände, nicht aber Knapps eigenen Text angeschafft hatte, mir also das Material fehlte. Ob allerdings eine ausführliche Begründung in der Beilage hätte erscheinen können, bezweifle ich noch heute Nach München zurückgekehrt, vollendete ich das Manuskript, sandte es m. E. vor Weihnachten der

Redaktion der Hist.V Schr. ein, erhielt am 3. und 4. Februar die erste, am 18. und 23. Februar die zweite Korrektur. Von da an habe ich lediglich um baldige Veröffentlichung ersucht. Dass sie nicht früher erfolgte, ist nicht meine Schuld, sondern die der Umstände.

Als boswillige Verläumdung muss ich es bezeichnen, wenn mir Knapp für mein ganzes Verhalten in dieser Sache unlautere und ehrenrührige Motive zu unterschieben sucht (E. 3f., 31f.).

II. E 10 bemüht sich Knapp, meine Ausstellungen an seiner Quellenbeschreibung als belanglos hinzustellen. Er sagt hiebei, er habe „die äussere Beschreibung der Zentbücher .... nach Rücksprache mit dem Referenten der Kommission" (von mir gesperrt) statt sie im Quellenband zu bringen „dem zweiten Band als Beilage angefügt". Jeder Unbefangene muss bei dieser Darstellung zu der Meinung kommen, es sei die Quellenbeschreibung von Anfang an geplant gewesen und es habe die Einigung mit dem Referenten vor Fertigstellung des ersten Bandes stattgefunden. Im Einverständnis mit dem Referenten, Herrn Prof. v Amira, stelle ich nun, was ich seinerzeit absichtlich unterliess, fest, dass die erwähnte „Rücksprache mit dem Referenten der Kommission" erst nach dem vollendeten Druck des ersten Bandes stattfand, dass dabei Herr Knapp zum erstenmal auf den Mangel einer Quellen- (= Handschriften-) beschreibung aufmerksam gemacht wurde, dass ihm dabei ferner erst auseinandergesetzt werden musste, was darunter im vorliegenden Falle zu verstehen sei, und dass er endlich in eben derselben „Rücksprache" nur durch sehr eindringliche Vorstellungen zu bewegen war, wenigstens eine kurze (aber nicht ungenaue!) Handschriftenbeschreibung für den zweiten Band zu versprechen. Herr v. Amira, auf den ich mich hier stütze, hat sich bereit erklärt, diese Umstände zu bezeugen.

III. E. 32 sucht Knapp einen Beweis für die Güte seines Werkes dadurch zu gewinnen, dass er erwähnt, v. Amira habe in seiner „trefflichen Abhandlung über den Gerichtsstab" (Knapp scheint sehr im unklaren darüber, wovon das Werk handelt) sein Buch „über siebzigmal zitiert". Dieses Argument ist allerdings sofort nach dem Erscheinen meiner Besprechung im Reichsarchiv aufgetaucht. Aber ich habe doch Herrn Knapp in meiner Besprechung viel öfter zitiert! Kann man wirklich im Ernst ein solches Argument auch noch drucken lassen? Wenn ja, dann sollte man nicht verschweigen, dass fast alle diese Zitate sich auf den Quellenband beziehen. Herr Knapp kann es doch nicht sich zum Verdienst anrechnen, dass die Quellen, wie ich übrigens selbst betont habe, wertvollstes Material enthalten und er wird doch nicht glauben, dass wir nur vorzügliche Ausgaben benützen können. Der zweite Band ist nur sehr selten zitiert, einmal allerdings mit der Bemerkung, dass Knapp den „Quelleninhalt nicht ganz richtig wiedergegeben" hat (v. Amira, Stab S. 97 Anm 8).

IV. Auch in seinen auf die persönliche Einleitung folgenden „objektiven Ausführungen" hütet sich Herr Knapp keineswegs vor Unrichtigkeiten. Er verdreht meine Behauptungen (z. B. 12, 4. Abs., 14, 2 Abs. 18, 3. Abs. v. u. 21, 3. Abs. v. u. 27, 2. Abs. v. u. 31, 2. Abs.), setzt gelegentlich auch ein Wort in Anführungszeichen, das ich nicht geschrieben habe (16, 4. Abs); mindestens ein grobes Missverständnis meiner Worte ist die Unterstellung, ich hätte Herrn Knapp absichtlich (v. m. g.) falsche Angaben vorgeworfen (E. 30).

V. Am gravierendsten aber ist wohl, dass Herr Knapp es wagt, 32 f. die Behauptung aufzustellen, seine E. habe erwiesen, dass an meiner Besprechung „nichts ausser einigen nichtssagenden Kleinigkeiten" richtig sei, dass die Zenten „eine Feuerprobe sondergleichen bestanden haben". Damit wird denen, die nicht die Zeit haben, Herrn Knapps Erwiderung zu lesen und Wort für Wort nachzuprüfen ein Sachverhalt vorgespiegelt, der den Tatsachen nicht im mindesten entspricht. Dieser Umstand veranlasst mich, einige Worte über die „objektiven Ausführungen" der E. zu sagen.

An, soviel ich sehe, zwei Stellen ist es Herrn Knapp gelungen, mir einen „Lapsus" nachzuweisen. Ich habe einmal eine Stelle mit dem Zentbuch des Echter statt mit dem des Fries verglichen und einmal eine Stelle, die vom gemeinen Zentgericht handelt, auf das peinliche bezogen. Bezüglich der Bedeutungsentwicklung von beizig gebe ich die Möglichkeit einer anderen Auffassung gerne zu. Aber darauf, dass mir das eine oder andere Versehen unterlaufen sei, war ich ja doch gefasst und habe schon gelegentlich meiner Kritik bemerkt (S. 270 Anm. 2), warum ein solches Versehen belanglos sei. Und so kann ich denn mit der Nachprüfung meiner Besprechung durch Herrn Knapp nur in hohem Masse zufrieden sein. Bei dem Umfang des Buches und der Rezension und bei der Fülle der notwendigen Zitate konnte ich trotz wiederholter Durcharbeitung des Manuskripts kaum hoffen, dass mir so wenig Versehen unterlaufen seien.

Im übrigen hat mich Herr Knapp vor allem an verschiedenen Stellen total missverstanden. Er scheint gar nicht zu wissen, was an seiner Behandlung der Terminologie falsch ist, dass er die quellenmässigen Ausdrücke hätte vorführen müssen, um den Leser über die Sprachweise der Quellen zu orientieren. Sonst könnte er nicht, um nur ein Beispiel anzuführen, dem Vorwurf, er habe den quellenmässigen Ausdruck „Blutschande" nicht erwähnt, zu begegnen suchen mit der Bemerkung, das sei doch mit dem von ihm gebrauchten „Inzest" identisch. Andere Missverständnisse finden sich S. 13, 17, 28, 30. In anderen Fällen trifft seine Antwort nicht meine Beanstandung oder sie ist selbst eine unwahre Behauptung. Dies ist z. B. der Fall E. 17 u.; weder auf der angegebenen Seite 745 noch sonst in diesem Kapitel ist „des kleinen und grossen Frevels eingehend gedacht" (v. m. g). Übrigens ist auch mein Vorwurf, wie noch öfters, ganz falsch referiert. Ferner ist unwahr die Behauptung E. 19, 3. Abs., dass S. 324 der Eid mit erhobenen Fingern behandelt sei.

Besonderes Gewicht lege ich darauf festzustellen, dass Herr Knapp über verschiedene Beanstandungen wortlos hinweggeht, obwohl doch seine E. den Eindruck macht, als behandle sie meine Besprechung Punkt für Punkt. Nicht weniger Gewicht lege ich auf die Tatsache, dass Herr Knapp in den meisten Fällen (zum Teil stillschweigend) zugeben muss, dass meine Ausstellungen den Tatsachen entsprechen. Er wagt nicht zu leugnen, dass sein Buch an Systemlosigkeit leidet (S. 15 erklärt er für einen Fall sogar „ausdrücklich" auf System „verzichtet" zu haben, weil es „unnötig" (!) und sein Buch „kein Lehrbuch" sei, auch ein System „kaum durchführbar" schien), dass weder der Abdruck der Quellen im ersten Band noch in den Anmerkungen des zweiten der Handschrift entspricht, dass die Handschriftenbeschreibung nicht vollständig ist, dass das gleiche vom Abkürzungsverzeichnis gelten muss, dass die Literaturangaben ungenügend sind, nicht minder das Register, dass die Darstellung Lücken aufweist, dass, was ich als rechtsgeschichtliche und juristische Fehler bezeichnet hatte, im Buche steht — also im wesentlichen alles da ist, was ich in meiner ersten Kritik beanstandete. Nur versucht Herr Knapp seine Fehler zu beschönigen und zu entschuldigen. Seine ganze E. besteht neben persönlichen Verunglimpfungen aus Versuchen, zu beweisen, dass, was ich gerügt hatte, nicht fehlerhaft sei. Diese Beweise sehen allerdings zum grössten Teil sehr merkwürdig aus und für die Fachkollegen, die ihre Zeit besser verwenden können, als mit der Nachprüfung der Knappschen E. seien hier einige charakteristische zusammengestellt. Die Begründungen und Beweise beschränken sich meist auf die beweislosen Behauptungen, dass man ihm nur Recht geben könne, sein Vorgehen sehr wohl begründet sei, man ihm einen Fehler nicht zur Last rechnen könne, dass man ihm ohne weiteres die Richtigkeit zugeben werde, anderes keinen Sinn habe, sein Verfahren durchaus richtig sei, dass es doch praktisch oder zweckmässig war, dass es so sein musste oder nicht gut anders zu machen war, oder auch selbstverständlich, nicht merkwürdig, zweifellos richtig, dass ein Fehler unwesentlich oder nur seiner Ankündigung im Vorwort gemäss ist oder auch ihm nicht verargt werden kann, dass er seine Unrichtigkeit nicht einsehen könne, dass ein Zweifel an der Richtigkeit undenkbar sei. Meine Bemerkungen findet Knapp bedeutungslos, nichtssagend, naiv, lächerlich, wunderlich, kindisch oder sie erledigen sich von selbst, was ja allerdings das einfachste wäre. Ein Gerüfte bei Notzucht wird nicht angeführt, weil es zu drastisch ist (!), meine Bemerkung, dass das echte Ding nicht ein ächtes ist, hält Knapp für einen schlechten Witz, auf Grund der Handschrift zu sperrende Worte sind „behufs Raumersparnis" nicht gesperrt (in meiner Beanstandung handelt es sich um wenige Worte!), arabische Ziffern sollen übersichtlicher sein als lateinische; in anderen Fällen soll eine Berufung auf Planck entschuldigen oder auf Burchard oder auf „Grimm" (wobei Knapp vergessen hat oder nicht weiss, dass das Register zu den Grimmschen Weistümern nicht von Grimm sondern von R. Schröder ist), oder es soll der Umstand entschuldigen, dass Knapp über einen Punkt mit dem Referenten verhandelt hat (wobei aber das Ergebnis der Verhandlung vorenthalten wird). Bezüglich des Registers, über dessen Fehler Knapp ziemlich hinweghuscht, erfahren wir, dass Knapp ursprünglich daran dachte „nach dem Vorbild Plancks, Rosenthals, Hecks u. s w. überhaupt . . . . kein Register anzufertigen". Diese Berufung auf Autoritäten leidet nur daran, dass deren Werke keine Quellenausgaben sind, Rosenthal noch nicht vollendet ist und Heck meist ein Register anfügt.

Glaubt nun Herr Knapp in der Tat, dass solche Beschönigungsversuche und unbegründet hingeworfene Behauptungen auf Gelehrte Eindruck machen oder will er überhaupt nur auf urteilslose Laien wirken? Dies mag ihm ja allenfalls gelingen.

VI. Neben dem Gesagten, was mit dem Grund der ganzen Veröffentlichung in engem Zusammenhang steht, möchte ich nur, da einmal die Gelegenheit gegeben ist, auf zwei Bemerkungen Knapps eingehen.

Knapp rät mir, damit ich „einige Anfangsgründe in der Behandlung von Urkundentexten gewinnen" kann, die Einleitung zu den deutschen Reichstagsakten nachzusehen. Würde ich nun diese nicht kennen, so könnte ich Herrn Knapp sehr dankbar sein. Aber Herr Knapp übersieht, dass ich auf diese Editionsregeln schon vor längerer Zeit (unter anderer Bezeichnung) selbst hingewiesen habe (Hist V.Schr. 1907, 238), sie also schon kenne. Auch hätte Herr Knapp in diesem Punkt nicht wahrheitswidrig behaupten sollen, ich würfe ihm vor, dass er „eid", statt quellenmässigem „aid", schreibt, „dreierlei" statt „treierlei". Ich habe ihm vorgeworfen, dass er bald „eid", bald „aid" schreibt, dass er gerade umgekehrt statt quellenmässigem „dreierlei" nun „treierlei" schreibt, also in jenem Falle planlos verfährt, in diesem archaisiert. Jedenfalls gibt mir die Erwähnung dieser Schreiberegeln Gelegenheit, nunmehr meinerseits darauf hinzuweisen, dass Herr Knapp diese Regeln selbst nicht gründlich befolgt. Oder steht vielleicht die Schreibung „haab", deren Beanstandung in meiner Rezension Herr Knapp jetzt stillschweigend übergeht, in Einklang mit der Regel, die a. a. O. S. LXXVII lautet: „Die aa ee oo, die Länge bezeichnend, werden besser vereinfacht"?

Er bemängelt ferner, dass ich versäumt habe, sein „Werk von einem grösseren Gesichtspunkt aus zu würdigen". Zu beurteilen, ob ich dies könnte, überlasse ich meinen Fachkollegen. Getan habe ich es allerdings nicht. Der Grund aber war bezüglich des ersten Bandes der, dass eine Quellenausgabe bis ins Detail exakt sein und daher auf Detail geprüft werden muss, bezüglich des zweiten Bandes aber der, dass es diesem Bande an den grossen Zügen, die so gewürdigt werden könnten, fehlt. Sagt doch auch His (Arch. f. Kulturgesch. 09, 237): „das Verdienst ruht auch (!) hier (d. h. im 2. Band) mehr in der fleissigen Sammlung des Stoffes als in seiner geistigen Durchdringung und Verarbeitung." Im übrigen wusste ich und weiss ich die Besprechung in der ZRG. und in den GGA. in guten Händen und habe mich absichtlich mehr darauf beschränkt, zu zeigen, dass Knapp die Qualitäten zu gründlicher Arbeit, insbesondere Quellenedition, fehlen, im übrigen ausgiebig auf andere verweisend.

Herr Knapp sollte sich aber endlich auch darüber klar werden, dass, wie ich schon Hist. V. Schr. 09, 269 andeutete, meine eingehende Nachprüfung vor allem veranlasst war durch die masslose Selbstgefälligkeit, mit der Herr Knapp (auch jetzt wieder!) sein Werk anpreist.

Sollte Herr Knapp noch einmal erwidern, so stehe ich allenfalls mit weiteren Beispielen für die Behauptungen in meiner Kritik und mit Beweisen für meine vorstehenden Behauptungen zur Verfügung, mit diesen allerdings nur, soweit sie nicht, wie z. B. meine Behauptung, dass ich keine Propaganda getrieben, der Sache nach nicht führbar sind.

München, Januar 1910.

v. Schwerin.

FSC
www.fsc.org
MIX
Papier | Fördert
gute Waldnutzung
FSC® C083411

Kolibri 360 GmbH
Ferdinand-Jühlke-Straße 7
99095 Erfurt, Deutschland
produktsicherheit@kolibri360.de